はじめてのエシカル

人、自然、未来に
やさしい暮らしかた

末吉里花

山川出版社

はじめに――

新しい暮らしのために、今日から始められる一歩があります

すこやかな毎日を作るエシカルライフへ、ようこそ!

この本は、地球も、動物も、海の向こう側にいる人たちも傷つけず、もちろん、私たちも笑顔でいられる日々をつづけるための、新しい暮らし方の本です。

「エシカル」とは、もともと「倫理的な」「道徳的な」という意味です。

真面目でかたい言葉ですが、簡単に言い換えることができます。

それは、「私たちの良心と結びついていて、人や社会、環境に配慮されている」ということ。

私たちが普段食べたり、着たり、使ったりしているものは、当然のことながら、どこかで誰かが作ってくれたものを、誰かが運び届けてくれたものです。でも、その過

程で、自然や動物が犠牲になっていたり、誰かが長時間のつらい労働を強いられて、健康を脅かされているとしたら、その事実に驚かない人はいないと思います。そんなことが起こらないように、毎日の買い物や生活の仕方を工夫しながら、世界を変えていこうとするエシカルな動きが登場し始めました。

「なんだか大変そう……」とここで引かないでください。

エシカルな暮らしの魅力は、「身近なところ」から「できること」を「楽しく」始められることなのです。

そして日本人は昔からエシカルでした。たとえば、あなたは、普段の生活でこんな言葉を使いませんか？

「お互いさまだから」「おかげさまで」「もったいないよね」

日本独特のこの発想は、エシカルという知恵の核心を捉えたものなのです。

私たちの手元に届くものはすべて、誰かの「おかげさま」で作られている

周囲と助け合うのは「お互いさま」だから

食べ物や身の回りのものを粗末にしたら「もったいない」

私たち日本人は、誰かに感謝し、思いやって暮らしてきました。

そう、「思いやり」も、日本が誇るべきエシカルな言葉です。この本では、今、世界で注目されている新しい考え方をお伝えしていきますが、新しいといっても、実はこれは、昔から日本人が大切にしてきた考え方とよくなじむものです。

自分が幸せを感じていても、もし他の誰かが犠牲になっているとしたら、それは居心地が悪いもの。作っている人や、作られている環境を思いやって暮らせたら、「私がいい」ことと「世界がいい」ことがつながっていきます。これがエシカルです。

エシカルな暮らしについて知っていただきたくて、私は今、エシカル協会代表理事とフリーアナウンサーという2つの肩書きを持って活動しています。

2015年、一念発起して、一般社団法人エシカル協会を立ち上げました。

「協会の代表をしているなんて、さぞ昔から社会問題に関心があったのでしょう」とよく言われるのですが、実はまったく違います。大学時代は、「おしゃれ大好き！」で、すべての関心が自分に向いている学生でした。

少しずつですが、変わることができたのは、社会人になり「世界ふしぎ発見！」というテレビ番組のミステリーハンターとして、世界の秘境を旅したことがきっかけです。ターニングポイントとなったのは、アフリカの最高峰キリマンジャロへの登頂でした。山頂には、気候変動の影響で、氷河がほんのわずかしか残されていなかったのです。そのほかにも世界各地で、環境破壊によって人々の暮らしや自然が脅かされている様子を目《ま》の当たりにしました。

大きなショックの中で、「このままでいいのだろうか」と考え始めました。でも最初は、何をしたらいいのか、それさえわかりません。「なんとかしたい」ともんもんとした日々を過ごしたことが、今につながっています。

だから、あなたがもし今、忙しい毎日の中で「今のままでいいのかな」「このままで大丈夫なのかな」と感じているとしたら、ぜひこのまま読み進めていただけたらうれしいです。きっと、変化へのヒントを見つけていただけると思います。

実は、私たちは特別なことをしなくても、今のままで「世界を変える」驚くような力を持っています。

それは何か。自分のお金を使って、ものを買う力があるということです。

「そんなの当たり前でしょ?」と笑われてしまうかもしれません。

でも何かを買うということは、その製品を作った企業に利益を提供すること。企業がこれからも仕事が続けられるようにすることです。それは、ＳＮＳで「いいね！」を押して、応援する以上の力になります。毎日の買う選択／買わない選択が、私たちの意思表示なのです。

一人一人の力は小さくても、集まれば大きな可能性が生まれます。つまり、普段の買い物をちょっと見直すだけで、社会や人や環境に影響を与えることができます。

今日の夕食の買い物が、環境破壊にストップをかける
大切な人へのプレゼントを買うことが、誰も傷つけない未来を作る

これは、とても大きなことだと思います。
でも、無理をしたり、がんばったりする必要はありません。
日々生きていくのは、それだけでいろいろ大変です。
だから、自分の暮らしを大事にしながら、その中で少しだけ、見えないものに思いをはせてみる。そして、できるところから行動に移してみる。「こんな小さなことでいいの？」と思うようなことが、あなたの暮らしを変え、世界を変えていきます。

世界には今、たくさんの問題が起こっています。でも同時に、少しずつよい方向に

変えようとする動きも出始めています。国連は、2030年までに解決したい課題として、17の目標を掲げました（99ページ）。なぜ、世界は「変わる」方向に舵を切り始めたのでしょうか。さまざまなデータを使って、今世界で起きていることをお話しすることから、この本は始まります。さらに、エシカルな暮らしのために、日常生活の中で簡単に始められるちょっとしたことや、考え方のヒントもたくさんお伝えします。

世界の現実の中には、「まさか」と驚いてしまう話もあるかもしれません。

でも、すべては「知ること」から始まります。

そして、知ることは、未来を作る大きな力になります。

自分自身が本当に健全だと感じる生き方をすること。

そして、毎日を楽しみながら、「私にいい」と「世界にいい」をつなげていくこと。

この本から、そんな新しい暮らしが始まっていくことを祈っています。

目次

4 「一羽の蝶」の暮らしが、世界を変える

編集協力　江藤ちふみ
装画・挿絵　石川恭子
装丁・本文組　細野綾子

はじめてのエシカル——人、自然、未来にやさしい暮らしかた

1

知ることが未来を変えるパワーになります

朝目覚めて、テーブルにつき、南米で作られたコーヒーや、中国のお茶や、アフリカからのココアを飲む。私たちは自分の仕事につく前に、世界中の人々から恩恵を受けているのです

――マーティン・ルーサー・キング・Jr.

「壁」の向こうで何が起きているのでしょうか

私は時々、学校に招かれて、エシカルについての授業をすることがあります。子どもたちを前に話す時、いつも、こう問いかけることから始めます。

今、あなたが着ている洋服はどこから来たか、わかる？
その洋服、誰がどういうふうに作っているのだろう？

ほとんどの子どもたちは、「わからない」と答えます。私も、エシカルの活動を始める前だったら、これらの質問に答えることができませんでした。でもエシカルを語る上で、身の回りにあるものがどうやってできているのかを知ることは基本です。だから今は、普段着ている服が作られた過程をまず話すことにしています。

授業では、一枚のTシャツを例にして考えます。

Tシャツの多くは綿でできています

その綿の多くは、アメリカやインドなど、外国の綿花畑から届けられます

子どもたちは「ふーん」という顔で聞いています。

インドの綿花畑では、40万人もの子どもたちが働いています

大量の農薬が使用されているため、多くの人が亡くなったり病気になっています

ここで子どもたちには、写真やデータを使って、洋服やその原料である綿を作ってくれている人たちの様子を話します。

自分が今、着ている洋服のルーツを辿《たど》っていくと、生活のためとはいえ、綿花畑で苦しみながら働いている人々がいる。そしてそこには、自分たちと同じような年頃の子も交じっている――。このことを知った子どもたちの顔色はサッと変わります。

綿花が作られて、そこから糸ができ、そして布が織られ、Tシャツができます。いろいろな人のおかげで、私たちはTシャツを買って、それを着ることができます。

私たちにとって、お店に行けば、手頃な価格でTシャツが売られているのは当たり

前です。しかし、その「当たり前」の向こう側には驚くような現実があります。普段の私たちには、そんな現実は見えません。「Tシャツを着ている私たち」と「作ってくれている人々」との間に、大きな壁が立っていると言ってもよいのかもしれません。

授業の最後に、子どもたちにこう伝えます。

この**大きな壁の向こうにある**、**見えないものを見ようとする力**を持ってほしいと。今、目の前にあるものを通して、それを作ってくれている人たちや運んでくれている人たち、そしてその仕組みを想像し、遠くの人や環境に配慮する社会になっていくこと。——これが「エシカル」です。そして未来を生きる子どもたちには、目に見えないものを想像していくことが「変わっていく」「変えていく」ための一歩だということを伝えたいと思ってます。

ある小学校ではこの話が終わった時、小学5年生の女の子が私のところにやってきて、こう言いました。

どうしてこんなに大切な言葉を、誰も今まで教えてくれなかったの？

このみずみずしい感性が、私の心にとてもうれしく響きました。

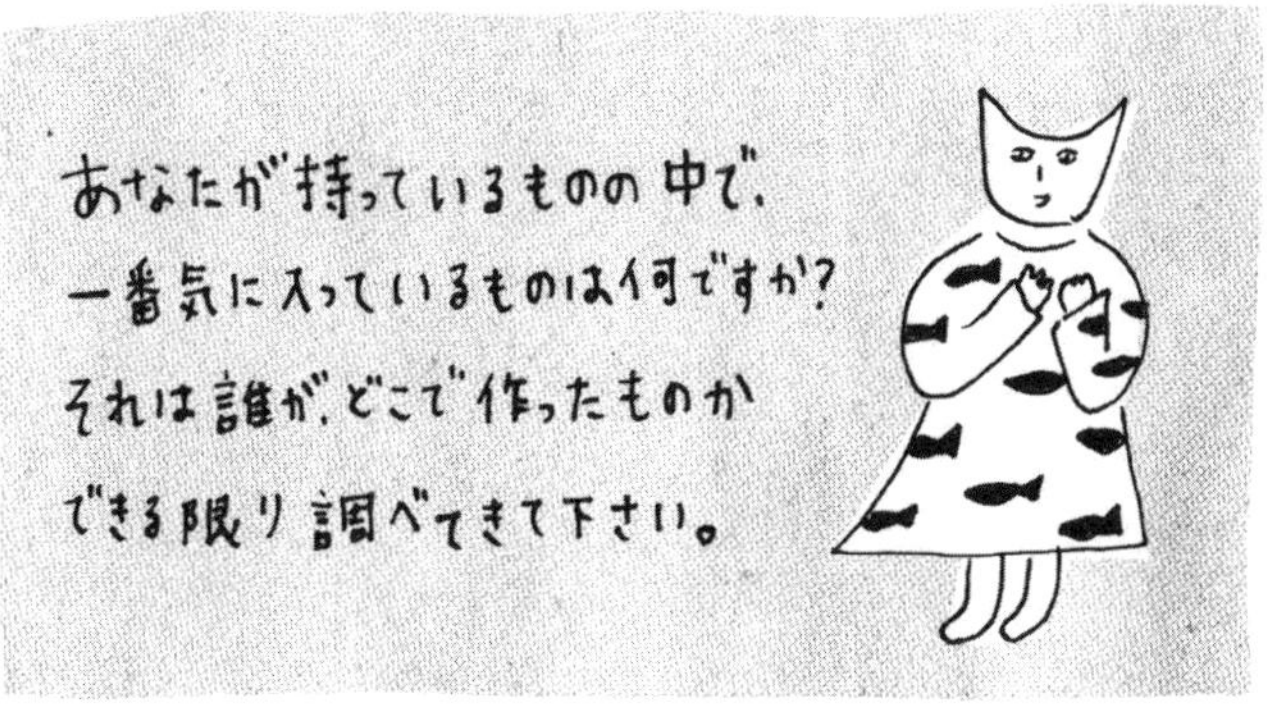
あなたが持っているものの中で、
一番気に入っているものは何ですか？
それは誰が、どこで作ったものか
できる限り調べてきて下さい。

?
お気に入りの
このリュック、どうやって
作られたのかな
この壁を取り払うと
真実が見えてきます。
新しい未来が
ここから始まります。

reasonable な洋服の reason をお話ししましょう

これから、「当たり前」と思っている壁の向こうに広がっている現実をお話ししていきましょう。まず、身近な洋服についてです。

私たちは今、とても安い価格で洋服を買うことができます。その値段は、本当にリーズナブル。500円前後の洋服だってめずらしくありません。

リーズナブル（reasonable）のもとになっている「reason」は「理由」や「理性」を意味します。それでは、安い洋服の reason とは何でしょう。

人件費の安い中国や東南アジアで作っているから

大量生産でコストダウンできるから

両方とも間違いではありません。でも、もう少しその先に立ち入って、「本当の理由」を見てみましょう。

ファストファッションの多くは、中国や東南アジアで作られていますが、その工場はスウェットショップ（「sweat」は「汗水たらして働く」とか「搾取する」という意味で、日本語では「搾取工場」と訳されます）と呼ばれています。搾取！　思わず、耳を疑う言葉です。でも現地の人々が働く工場を表すのに、これほど適切な言葉もありません。

私は、スウェットショップで働く男性労働者の写真を見たことがあります。この労働者は、上半身裸で汗まみれになりながらも、機械に向かっていました。機械の発する熱で現場は高温となり、作業着も着ていられない様子がわかります。「夏は失神する者もいる」「まるで地獄だ」という証言もあり、厳しい労働環境が見て取れました。

しかしこれらの実態は、一般のメディアではあまり報道されません。ファストファッションに携《たずさ》わる企業の収益についての発表はあっても、その下請けのスウェットショップの内情が伝えられてはいない。これは、企業からの情報開示が圧倒的に少ないことが原因だと言えます。

この現実は、国際人権団体ヒューマンライツ・ナウがおこなった調査によって明らかになったものです。調査後、この団体は衣料品メーカーに改善を申し入れました。そして、企業側も今後、対応していくことを約束しました。

このように人権団体や非政府組織（ＮＧＯ）が独自に調査しなければわからないことが多くあります。ここから、その調査によって明らかになったことをお伝えします。

過酷な環境・長時間労働・低賃金

ＮＧＯなどが現地の工場を調査すると、まずその労働環境のひどさに目を背けてしまうほどだと言います。

中国のある工場では、先ほどの男性が働いていたような厳しい暑さの中、一日平均11時間、働き通しだと言います。休みは、１ヵ月に１、２日だけです。またバングラデシュでは、休日もなく、朝早くから夜11時まで働かされている例もありました。問題は、長時間労働だけではありません。化学薬品の管理がずさんなため、皮膚がただれたり頭痛や体調不良が起きるなど、健康被害も多く報告されています。

工場では、女性や子どもたちも長時間働いています。出産直前に休暇を願い出ても許されず、中には深夜残業を強制されていたケースもあります。

そして過酷な状況で働いているにもかかわらず、賃金は、その国の中でも平均か平均以下がほとんどです。出来高制の工場も多く、一日何時間もの時間外労働をしないと、その国の平均月収に届かないため、休日出勤や残業が日常化しています。

「そんなに大変なら転職すればいいじゃないか」という意見も、あるかもしれません。でも、雇用が十分に確保されていない途上国では、いったん仕事を失うと、新たに職を得るのは大変です。また貧しい農村部から都会へ出稼ぎにきた人たちが職を失えば、残してきた家族まで路頭に迷うことになります。

欠勤すればたちまち、解雇されてしまうため、どんなに体調が悪くても無理をおして働かざるを得ない人が多いと聞きます。

パワハラやセクハラも日常的に起こり、工場長や管理者に暴力をふるわれたという報告も多数あります。途上国の中でも賃金が月額100ドル以下と低かったカンボジアでは、２０１３年、最低賃金の引き上げを訴えるデモがおこなわれました。デモは治安部隊に鎮圧されましたが、４人が死亡、多くの参加者が負傷し、逮捕されました。

洋服につけられた安い値段のreason、少しおわかりいただけたでしょうか。私たちが500円以下で買うことができるTシャツは、その原価を抑えることでしか、安い値段をつけることができません。安い原価は、工場で働く人々の人件費を抑えているからできたことにほかならなかったのです。

あなたが、もし初めてこの現実を知ったとしたら、きっと驚いてしまったのではないかと思います。10年ほど前にこの現状を知った時、私も「今まで自分は、なんて脳天気な人生を送っていたんだろう」とショックを受けました。

でも、同時に考えました。「もっと、現実をきちんと知らなければ」と。ファッシヨンが大好きだった私は、そのファッションが誰かを傷つけているなんて、あり得ないと思ったのです。

といっても、その時の私はエシカルな価値観に沿って行動したいと思ったわけではありません。また、別に「いい子」になろうと思ったわけでもありません。自分が愛着を感じるものが人々を傷つけている、その現実を前にして、戸惑う気持ちが強くありました。

悲しい事故がファッション業界を動かしました

２０１３年４月24日、バングラデシュでビル崩落事故が起きました。ビルの名前は、ラナプラザ。縫製工場が入っていた８階建てビルの下敷きとなって、１１３０名を越える人が犠牲になり、負傷者は２５００人以上にのぼりました。その多くは、工場で働く若い女性たちでした。

もともと５階建てだったラナプラザは、違法に８階まで建て増しされ、倒壊の危険性も指摘されていました。事故前日にはビルに大きな亀裂があるのがわかり、使用をやめるよう警告もされていました。当然、女性たちは出社を拒みました。しかしそれは許されませんでした。

「いやだったら、休めばよかったのに……」と、日本の私たちは思うかもしれません。でも、本当に休んでしまったら賃金はもらえず、職を失う可能性があります。だから出社せざるを得なかった。その朝、ビルは崩落しました。

事故が起きた当時、ラナプラザでは、十代から二十代なかばまでの女性が昼も夜もなく働いていました。一日の労働時間は、14時間にものぼったといいます。その時給は10セントから12セント。月給は、日本円にして5000円ほどにしかなりません。

ラナプラザでは、主に欧米資本の大手企業の洋服が作られていました。名前を挙げれば誰でも知っている、世界的なメーカーやブランドも含まれています。

しかし事故の後、満足に賠償金も支払われなかったと言います。企業が下請工場に委託し、そこもさらに下請に委託していたため、ほとんどの企業は、実態を把握することさえできませんでした。また原因は下請業者にあるとして、責任回避に走る企業も少なくなかったのです。

今も十分な賠償や補償がなされているとは言えず、後遺症と生活苦に悩まされている女性がたくさんいます。ヒューマンライツ・ナウが現地でおこなった調査からその様子をお伝えします（年齢は事故当初のもの）。

・Aさん（15歳）は瓦礫《がれき》の下敷きになり、3日後に救出されましたが、左足を切断せざるを得ませんでした。一緒に働いていた母親を亡くしました。

・Bさん（20歳）は妊娠中でしたが、事故当時、強制的に7日間連続で働かされていました。この事故で、おなかの赤ちゃんを失いました。

・Cさん（14歳）はこの時まだ子どもでした。見習い扱いで、大人の半分しか賃金をもらえませんでした。当日の事故で母親は亡くなりました。彼女自身も両足を負傷して手術を繰り返し受けていますが、感覚は麻痺《まひ》したままです。

事故後３年を経た今日でも、現地で労働組合を結成すれば、労働者には干渉や脅迫などの危険が及ぶと、国際人権団体ヒューマンライツ・ウォッチが報告しています。２０１３年６月、バングラデシュ政府は労働法の改正を約束しましたが、その法律と規則では、労働組合を結成し労働者の権利を守ることには限界があります。

またほぼ同じ時期、アパレルを主な事業として展開する世界的な企業が集まって、２つの組織が生まれました。ヨーロッパ系のアコード、そしてアメリカ系のアライアンスです。このうちアライアンス（バングラディシュ労働者の安全のための同盟）のレポートによると、残念なことに、縫製工場の労働環境は改善が進んでいないことがわかります。アライアンスは当初、２０１８年６月までに765の工場の労働環境を改善する予定でしたが、２０１６年９月時点では、40の工場しか終了していません。が、原因は複雑に絡み合っています。まず現地の雇い主が労働環境の安全確保に積極的ではないこと、また政情不安、資格を持ったエンジニアが不足していること、防火安全装置の輸入に伴う問題があることなどが挙げられます。

ファッションで革命を！

この事故は世界中に大きなショックを与えました。

そして「ファッション・レボリューション・デイ」という国際キャンペーンが始まりました。事故をきっかけに、今までのファッション業界のあり方を見直すことになったのです。この時注目を集めたのが、「エシカルファッション」でした。

エシカルファッションとは、**環境に負担をかけない素材と生産方法、適切な労働条件で作られているファッション**のこと。一言で言えば、生産者と生産地に負担をかけないよう、私たちの良識で判断したファッションです。

今、エシカルな洋服、バッグ、アクセサリーなどを扱うブランドやセレクトショップが続々と登場しています。雑誌やインターネットでも紹介され始めたので、あなたもどこかで、目にしたことがあるかもしれません。オーガニックコットンを使った服や生産者との公正な取引で作られたフェアトレードの服が、その代表格です。

ファッション・レボリューション・デイは、毎年、事故が起こった日に実施されます。この悲劇を決して忘れないように、エシカルファッションショーやトークイベント、ＳＮＳを使った呼びかけなどがおこなわれています。犠牲になった人々を悼み、

70か国を超える国の人々が参加する一大キャンペーンです。

また、映画「ザ・トゥルー・コスト――ファッション真の代償」もこの事故をきっかけに作られました。きらびやかなランウェイから鬱々としたスラムまで、ファッション業界の実態に迫るノンフィクションです。「私たちの血でできた洋服は着てほしくない」と工場で働く女性が強く訴えかけます。洋服に対して、取り戻すことができないコストを払っているのは誰なのか。映画を観た若者からは「明日からどんな服を買えばいいのかわからなくなってしまった」という感想が続出しています。

しかし、ラナプラザの事故は決して特別なものではないのです。

２０１２年には、同じバングラデシュの縫製工場で火事があり、112人が焼死する事故が起きています。

工場はガードマンによって管理され、外からカギがかけられて、窓も閉められていました。そして従業員たちは毎晩深夜まで働かされ、火災報知器が鳴っても「働け」と命じられていたこと、そのために逃げ遅れてしまったことが明らかになりました。

洋服は、人間が長くつきあってきた大切な文化です。しかし、その文化や経済活動が同じ人間を苦しめてしまったという悲劇を忘れない――、エシカルファッションはここに一つの原点を持っています。

オーガニックコットンが好循環を生み出しています

洋服の生産には、コットン栽培という、もう一つの大きな課題があります。

Tシャツやシャツなど、コットンの衣類は丈夫で肌触りも心地よいものです。しかしコットンはデリケートな農作物で、栽培がたいへんむずかしいものです。

コットン畑の栽培面積は、世界の耕地面積の2.5%。しかし、そこで散布される農薬や化学肥料は、世界中で使用されている量の16%を占めています。雑草が生えないように除草剤、虫がつかないように殺虫剤、そして一斉に収穫できるように枯れ葉剤をまいて、収穫時には摘み取り機で刈っていきます。年間20億ドル相当の農薬が世界のコットン畑で使用されているという報告もあります。

枯れ葉剤はベトナム戦争で使用されたことで知られていますが、戦後、ベトナムでは障がいを持った子どもが多く生まれ、問題になりました。いくら薄めているとはいえ、人の健康や環境にダメージを与えないわけがありません。

たとえば、インドでコットン栽培に従事する人の平均寿命は35歳であると報告されています。また、女性が作業をすれば、不妊や流産の原因になりかねません。

なぜ、これだけの被害が出てしまうのでしょう。

原因の一つが、生産者が農薬の害について知らされていないことです。

綿花の種と農薬はセットで販売されているにもかかわらず、生産者は、その農薬の害について知らされていませんでした。綿花栽培に携わっている途上国では識字率が低く、生産者は農薬の注意書きを読めません。にもかかわらず、農薬散布時の指導もきちんとなされず、働く人たちは適切な防護をおこなう知識が持てなかったのです。

彼らはマスクや手袋が必要だとわからず、素手で農薬を扱います。手の皮膚がただれる人も少なくありません。私がインドで会った生産者も、指先や手の皮膚がボロボロになっていました。

人間に対してこれだけの被害を与えるのですから、環境に与える影響も深刻です。土壌から雨水に溶け出た農薬は海や川を汚染し、生態系を破壊することになります。コットン栽培に使われる農薬の多くは、第二次世界大戦で有毒ガスを作るために開発された薬剤を利用していて、とりわけ毒性が高いという特徴があります。

その上、害虫が農薬への耐性を持つので、使用量は年々増えていきます。さらに強い農薬が必要になり、土地はやせていくという悪循環が起きているのです。

人にとっても、その土地にとっても、そして地球にとっても、コットン栽培の現場の厳しさは群を抜いています。

オーガニックコットン

でも、生産者の健康も環境も脅かすことのないコットンがあります。それが、有機《オーガニック》農法で作られたオーガニックコットンです。

オーガニックコットンには、農薬を3年以上使用していない畑で作ること、化学薬品を使用せず有機肥料を使って栽培することなどの基準が定められています。もちろん、収穫時も枯れ葉剤を使わず、多くは一つずつ丁寧に摘み取られます。

現在、オーガニックコットンの作付面積は全コットンの1.1％ですが、10％に増えれば、年間274万トンもの二酸化炭素（CO_2）を削減できます。

大正紡績株式会社の近藤健一さんは、世界の繊維業界が注目する糸のスペシャリストとして、オーガニックコットンの栽培に関わってきました。１９８９年、アメリカの昆虫学者サリー・フォックスの記事を読んだ近藤さんは、この記事をきっかけに、約200の国で農地をオーガニック栽培に変える活動を続けています。

さらに、アバンティ代表の渡邊智恵子さんが１９９０年に日本でオーガニックコットンのビジネスを手がけました。そして最近では、自社製品にオーガニックコットンを使用するブランドも増えています。アウトドア衣料品メーカーのパタゴニアは１９９６年、アメリカで、すべてのコットン製品をオーガニックコットン100％に切り替えた先駆者です。

巻末に、オーガニックコットンのファッションを楽しめるブランドをまとめました。オーガニックコットンの認証マークについては128ページで紹介していますが、ぜひお店ではこのマークを手掛かりに探していただけたらと思います。

＊オーガニックコットンと一般のコットンが生産されるさまざまな過程で、それぞれ環境にどのような影響を与えるのでしょうか。環境負荷を調べ評価する方法として、ＬＣＡ（ライフサイクルアセスメント、環境影響評価）があります。オーガニックコットンは、一般のコットンに比べて、地球温暖化を47％抑え、土壌の劣化を26％減らすことが明らかになりました。また、農業用水や石油エネルギーの使用量が少ないことも長期間にわたる研究から示されています。これは、トラクターなど農業機械を使わないため、電気エネルギーの消費が少ないこと、化学肥料・農薬が用いられないため、土の中で生きる微生物が増加することによります（日本オーガニックコットン流通機構の公式サイト http://noc-cotton.org/report/?p=3008）。

チョコレートとサッカーボール

世界中で、1億6800万人（2019年時点で1億5200万人）にのぼる子どもたちが働いています。これは、ILO（国際労働機関）が2012年におこなった調査結果です。その数は、世界中の5歳から17歳までの子どもの10・6%を占めます。9人に1人が働かされている計算になります。すぐには信じられない数字です。

子どもたちは、コットン畑、カカオやコーヒー、紅茶、タバコなどの農園、さらに鉱物（宝石や電子機器に使われるレアメタル）の採取現場、雑貨や衣料品の工場、そしてエビの加工場など、いろいろなところで働いています。そこでとれるもの、作られているものは輸入されて、どれも私たちの身近にあるものばかりです。

実際、インドのコットン畑だけでも、児童労働の数は40万人にも及びます。そしてコットン畑で一日休みなく働いてもらえる日給は、わずか70円から200円弱程度です。

私たち消費者にとって、「安い」ことは紛れもなく一つの価値となります。でも、それを求めすぎた結果がこういった現実を生み出しています。私も「まさか、こんなことになっていたなんて」と言葉を失いました。

児童労働の定義は国によって違いますが、ＩＬＯの国際条約では就業の最低年齢を次のように定めています。

・最低年齢は義務教育終了後、原則15歳（途上国は14歳）、軽労働は13歳（途上国は12歳）
・危険で有害な労働は18歳未満禁止

さらに人権団体などでは、「教育を受ける権利をさまたげる労働」「健康的な発達をさまたげる労働」「有害で危険な労働」「子どもを搾取する労働」のうち、一つでも該当すれば、児童労働と判断しています。しかしＩＬＯがはじめて児童労働の統計を発表した２０００年の推計では、その数は2億４６００万人でした。２０１６年にその数が大きく減っているのは児童労働が撤廃できる可能性を示しているように思います。

エスニックな雑貨を作る子どもたち

インドを訪問した際に、偶然にも訪れた西ベンガル州コルカタの町で、子どもたちが仕事をしている現場に出会いました。明かり取りの窓さえなく、風も通らない蒸し暑い部屋で、10歳くらいの男の子が黙々と蠟燭《ろうそく》とアクセサリーを作っていました。

日本で見れば「わあ、かわいい」と手に取りたくなるようなエスニックな蠟燭やアクセサリーです。その蠟燭が児童労働の現場で作られていたことを知って愕然としました。彼らの仕事は、「家の手伝い」をはるかに越えたものです。それどころか、彼らの多くは農村部から都市部に連れてこられて、家族と別れて暮らしています。

食事も睡眠も、仕事場と同じ部屋でとり、家族に仕送りするために一日14時間以上働くこともまれではありません。それでも、人件費を抑えるため賃金は安く、生活費と食費を差し引かれると、手元に残るのは10ドル程度です。教育や職業訓練を受けることがむずかしいことは、言うまでもありません。

身近な問題に疑問を持つことから始まる

ある学校で、小学生の男の子から「サッカーボールはどうやって作られているの?」と質問をうけました。さて、あなたはわかりますか?

サッカーボールの7割はパキスタンで作られています。サッカーボールは32枚のパーツを縫い合わせて作りますが、パキスタンでは多くの子どもたちが、幼いうちからボール作りに携わります。子どもの小さな手がパーツのサイズに合っているからです。ＩＬＯによると、パキスタンで約1万5千人の子どもたちが、針と糸を使った作業をしているといいます。

朝7時から夕方5時までボールを縫う仕事をしていました。ボールを1個縫うと5ルピー（約15円）もらえました。縫う時、手に針を刺してしまい、とても痛かったです。勉強をしたかったけど、病気の母を看病している父に「学校に行かせてほしい」とは言えませんでした。

これは、5歳からサッカーボールを縫い始めた女の子の言葉です。ボールを縫う子どもたちは視力低下や背中や首の痛みに悩まされることが多く、この女の子も7歳で失明してしまいました。

彼らが一日に縫えるボールは2、3個ですから、一日100円にも満たない報酬しか得られません。もちろん、彼らがサッカーボールで遊ぶことはありません。

この実態は１９９０年代後半に明らかになり、現在では、全面的に児童労働がなくなった村もあります。

同じように、チョコレートの原料であるカカオ畑でも、たくさんの子どもたちが働いています。小学生に聞いてみると、みんな「チョコレートが大好き！」と答えますが、カカオ畑で働く子どもたちの多くは、チョコレートを食べたことさえありません。

２０１０年におこなわれた調査によると、ガーナのカカオ農園で働く子どもたちは100万人でした。日本ではチョコレートを作るためにカカオを３万トン以上も輸入していて、ガーナはその最大輸入国です。そして、ガーナのカカオ畑で働く人の約６割が、14歳以下の子どもたちです。カカオの木は大きいもので10メートルほどになり、ナタなどの刃物を使うこともあります。当然、子どもたちにはまだ危ない作業です。

この現実を前に、カカオ畑でも変革が起こっています。それが、フェアトレードのチョコレートです。児童労働のない公正な貿易によるチョコレートは、日本でも見かけることが多くなってきました（106ページ）。

サッカーボールについて質問をした男の子は、自分よりも小さな女の子が働いていると知って、顔をこわばらせました。でも彼は自分の身近な問題に疑問を持つことによって、そして、現実を知ることによって、一歩を踏み出してくれたのだと思います。

各事例については、ＮＧＯ団体ＡＣＥの公式サイトを参考にしました。

長く大切にするものこそ、エシカルを

チョコレートの次は、値段がグッと上がるものを取り上げてみたいと思います。

携帯電話やパソコン、タブレット端末などの電子機器は、今や必需品となりました。しかし実は、その中に使われている鉱物に問題が隠れています。主なものは、スズ（Tin）、タンタル、タングステンの「３Ｔ」で、配線コードに使われるゴールドの「Ｇ」を合わせて、「３ＴＧ」と呼ばれます。

この３ＴＧが産出されるのは、主にコンゴ、スーダン、ブルンジなど、アフリカ諸国。多くの地域で内紛が続いています。そこでは、武装勢力が鉱物の輸送ルートを襲って３ＴＧを巻き上げ、自分たちで換金して武器の購入資金にしています。「資源の呪い」という言葉が表すように、武装勢力の資金源となれば、紛争を長期化させてしまうことになりかねません。これは、私たちが携帯やパソコンを買うことで、間接的に紛争に荷担してしまう可能性があるということです。

一方、紛争に関わらない鉱物を「紛争《コンフリクト》・フリー」と呼びます。今、コンフリク

ト・フリーの鉱物を使おうという動きがメーカーでも徐々に広がっています。ヨーロッパでは、フェア・フォンという名前でスマートフォンが発売されました。これは紛争鉱物ではないレアメタルが使用され、日本でも話題を集めています。製品が作られるまでの工程を透明化し、製品を通じて採掘問題を解決することを目指すエシカルなスマートフォンです。

日本初のエシカルジュエリー

愛の証しにプレゼントされたり、家族から譲り受けたり、時には、自分にごほうびしたり……、あなたにも大切にしているペンダントやイヤリングがあると思います。「えっ、ジュエリーにも何か問題があるの？」と、身構えてしまったかもしれません。残念ながら、その予想通りなのです。

ジュエリーのもととなる原石は、大きな山を削って採掘されます。採掘後の現場はそのまま放置されることが多く、生態系破壊の原因となっています。当然、現場は粉じんだらけになりますが、これまでの例と同じように、働く人の賃金は安く抑えられているため、危険な環境で長時間労働を強いられています。

そして採掘現場でも子どもたちが働いています。ＩＬＯは、鉱山での児童労働を、

「最悪の形態の児童労働」の中でも「危険有害労働」に当たると認定しました。

紛争地域で武装勢力の資金源になっているのはダイヤモンドです。この問題は、映画「ブラッド（血塗られた）・ダイヤモンド」（レオナルド・ディカプリオ主演）で注目を集めました。多くの採掘現場が紛争地域と隣接しているため、一般の人々が武力で強制的に連行され、低賃金で働かされている現実があります。

さらにゴールドにも大きな問題があります。金を取り出すには、粉砕した金鉱石に水銀を混ぜ、アマルガムという合金を作り、それを熱して水銀のみを蒸発させます。蒸発した水銀が働く人の健康に与える被害、地域の環境に及ぼす影響は甚大です。

これらの問題は根深く、また宝石業界は流通過程が複雑なため、解決するのは至難の業です。でも、現実をポジティブに変えていこうと、エシカルジュエリーが誕生しました。**採掘や生産の過程で人や環境を傷つけない素材、紛争地域以外で採掘された素材**を使って作られた新しいジュエリーです。

長くつきあっていくものだからこそ、誰かの涙からできていないジュエリーを選ぶことは、贈る相手を思うことにつながります。そして誰かにプレゼントするとしても、自分自身に買うとしても、一つの選択が、私たち自身の幸せを超えた大きな幸せを可能にする。その証拠でしょうか、婚約指輪や結婚指輪をエシカルジュエリーにするカップルも増えているそうです。

お金持ちじゃなくても、始められます

1章では、少しつらい話が続きました。正直なところ、「重い……」とあなたは思ったかもしれません。私自身も、この現実を知った時、そう思いました。「知ることが第一歩です」と言いながら、私も、事実を知った時に何から始めていいのかわからず立ち止まってしまいました。だから、今もしあなたが驚いたり考え込んだりされていたとしても、その気持ちはよくわかります。

そんなときは、こんなふうに考えてみませんか。「私にいい」と「世界にいい」、その両方をつなぐ選択はないか、と。

なんとかしたい。

でも、無理をすると疲れてしまうし、続かない。

私たちはいつもその2つに挟まれて、迷いつつ選択していく存在なのかもしれません。でも生産者や作られた環境に思いを向けながら、「今私にできることで、最善の

選択は何かな？」と考えてみることはできます。

環境倫理学で有名な加藤尚武《ひさたけ》さんは、「**倫理的であるとは、与えられた条件の中で可能な行為の中から最善なものを選択する態度**」であると言います。自分に無理のない範囲で、等身大のエシカルライフを続ければいい、私もそう思います。

実際、人や地球を傷つけない商品がいいとわかっても、今の日本で、自分が着るものや食べるものを完全に「人や地球環境に配慮している」製品に切り替えていこうとすると、お金がかかります。もちろん、やろうと思えばできないわけではありません。楽しみながら、いろいろな工夫をして、衣食住において徹底したエシカルスタイルを実践している方もいらっしゃいます。でも、普通に暮らしている私たちにとって、それはちょっとハードルが高い時もあります。

私が尊敬するヴァンダナ・シヴァさんは、開発やグローバリゼーションのもたらす矛盾を鋭く指摘し、多くの人々を導いてきた科学者、環境活動家です。ある時ヴァンダナさんがブルックリンの教会で農薬や化学肥料の危険性を説き、自然の種の大切さを話した際に、その話を聞いていた貧しい夫婦はこう尋ねました。「あなたの言うことは正しいと思いますが、私たちは（オーガニックなど）食事にお金をかける余裕がありません。どうしたらいいでしょう？」

QUESTIONS

これに対して、ヴァンダナさんはこう言いました。「Be a good mother.（よき母になりなさい）」これは男女問わずに向けられたメッセージでしょう。具体的にお金を使い、何か大きなことができなくてもいい。まずは自分の身の周りの人々、とくに若い人々に向けて何ができるのかを真剣に考えることが大切だというメッセージはエシカルにも当てはまります。

――エシカルな商品を買いたいと思っても、洋服やジュエリーは高くてなかなか買えません。どうしたらいいでしょう。

すごく身近に感じられるお尋ねです。きっと読者の方で「そうだ、そうだ」と頷いていらっしゃる方も多いのではないでしょうか。あくまでも私の場合はですが、やっぱりできることから始めます。

たとえばチョコレート。森永製菓では、NGO団体ACEとともに定期的に、「1チョコ for 1スマイル」という活動をおこなっています。チョコレート（対象商品）1個につき1円をカカオの原産国の子どもたちに送るキャンペーンです。最近では、2015年12月12日＋16年1月15日〜2月14日の間、チョコレートを買うと、一つにつき1円がガーナやカメルーンの子どもたちに届けられました。この期間に集まった金額は、1748万9473円となりました。この取り組みは2019年9月現在も継続しています。

洋服やジュエリーは誰にとっても大きな買い物になってしまいますが、エシカルは始めることと続けることが大切です。ほかにもさまざまなエシカル商品が登場しています。お好きなもの、始めやすいものを探すところから始めていただけたらと思っています。

――ファストファッションの話、ショックでした。でも安い商品を買い控えると、働いている人の生活が成り立たなくなるのでは？

現在バングラデシュの全輸出額の80％を繊維産業が占めています。約４５００の工場では400万人の人々が働いています。そのほとんどは女性労働者です。縫製産業はバングラデシュにとって大きな産業であり、貧困の削減に重要な役割を果たしてきました。

しかし、先進国に住む私たちが安い服を過剰に求めすぎた結果、労働者の人権侵害や問題のある労働環境が生まれ、それはそのまま解決されずに残っています。縫製産業が急速に成長したことや政府による規制が十分ではなかったことが背景にあります。

たしかに、現地の雇用がなくなるかもしれない、その配慮は必要だと思います。しかしそれを踏まえて、現地で働く人々の雇用と生活を守りながら、ビジネスを展開する企業が登場しています。これが、後述するフェアトレードです。

安全で労働条件の保障された職場に変えていくためには、企業側の意識の変化が欠かせません。それには、消費者である私たちが買い物を通して態度を表明したり、インターネットでの発信、企業への直接の働きかけを通して、意思表示をしていくことが大切です。この本の終わりの方で、そんな小さなアクションを紹介します。

まずは知ろうとすること！
「これはどこからきたのだろう」と考える。ここからすべてが始まります。
Hop
できる範囲でよりよい選択を！
「これを買うことで…？」
その影響をしっかりと考えます。
Step
エいきょうを
シっかりと
カんがえル
「これってエシカル」？
とふだんから
エシカルを探して
みてください。
And Jump!!

COLUMN

エシカルの根っこ 1

エシカルの覚え方

あなたは、普段買い物をする時、どんな理由で買う商品を決めていますか？

「安いから」「まとめ買いはお得だから」と、つい必要のないTシャツや下着を何枚も買う。「バーゲンだから」「流行っているから」と買う予定のなかった服も買ってしまう。

そんなことはありませんか？　何を隠そう、私自身も、以前はそんな買い物をしていました。けれど、そうやって買った安い服は結局すぐダメになってしまったり、ほつれてしまいました。また流行の服は、シーズンが変われば袖を通すことがなくなり、結局処分することになりました。一言で言うと、あまり大切にはしなかったのです。

でもよく考えてみると、以前は「買いたくて買う」というよりも、雑誌の情報や広告にあおられて「買わされていた」部分も大きかったように思います。

もちろん、おしゃれや買い物はいつでも楽しみたいもの。流行は意識していたいし、少しでもお得な買い物をしたいと思うのは当然です。

しかし何かを買う時に、一息おいて、「ちょっと待って」と自分に問いかけてみることもとても大切です。「なぜこれを買うの？」「本当に必要かな？」「この商品は、どんな環境で作られたんだろう？」と。

それが、「エシカル」の第一歩です。

この洋服を買うことで、どんな影響があるんだろう？　作っている人たちにどんな結果が及ぶのかな、と考えてみる。この姿勢は「消費者としての目を磨くこと」につながります。「影響をしっかりと考える」ことの中に「エシカル」はあります。

そのように吟味して買ったものは、自分とものの間に特別なつながりが生まれます。ストーリーと言ってもいいかもしれません。きっと大切に使いたくなると思います。

そうすれば、買い物が、「毎日できる小さな社会貢献」になっていきます。あわただしい毎日を送っていると、国際貢献やボランティアをしたいと思っても、時間を作るのはなかなかままなりません。またどこかに寄付したいと思っても、的確な情報がなかったり、じっくり考える時間がとれなかったりします。

でも、買い物だったらほぼ毎日すること。その小さな行為が誰かのためになるなら、こんなに手軽でうれしいことはないと思うのです。

2

地球と動物のためにできること

最後の木を伐り倒し、最後の川を毒で汚し、最後の魚を食べる時、人間はやっと気づくのだろう、お金は食べられないということに

——ネイティブ・アメリカンの長老の言葉

サステナブルな地球は、私たちが作る

この本には、「持続可能《サステナブル》な」という言葉が、時々登場します。この言葉は聞いたことがある人も多いでしょう。でも「持続可能」って、よく考えると不思議だと思いませんか？　私たちが住む世界が、今まで通り続くのは当たり前のように感じます。ところが、当たり前ではないのです。地球に「明日」が来ない日がいつか来るかもしれない――、私は、そんな危機感を持ちながら活動しています。

「また大げさなことを言って」と思われるかもしれません。もちろん、そんなことにはならないという確信はあります。でもそれには、これから私たちが少しずつであっても変わることができれば……、という前提が必要です。

2章では、今地球に起きていることについて、お話ししていきます。

一つ面白い研究があります。重さを基準にして考えると、地球上にいる動物の総重量の30％を人間が占め、家畜は67％、野生動物は3％に過ぎません。人間と家畜だけで、生き物全体の97％も占める。この数字だけ見ると、文字どおり、地球は人間の思うまにできているようです。しかし、地球には今すぐに解決しなければならない課題があります。国際機関などでは、3つの難問、「地球温暖化」「資源の枯渇」「生物種の大量絶滅」が盛んに議論されています。

原因は、先進国を中心とした工業化だと考えられています。工業化というと、一般の私たちの生活とは無縁の、大きな枠組みの話のように聞こえるかもしれません。でも、特に温暖化の問題は私たちの暮らしと切り離して考えることはできないのです。

温暖化していく地球

多くの人が知っているように、地球の平均気温は年々上昇し続けています。

NASA（アメリカ航空宇宙局）の発表によると、2015年の平均気温は、産業革命前と比較した時、過去最高に上昇して1.0度上がっています。これだけでも驚きですが、2016年前半の世界の平均気温は、産業革命以前に対して1.3度上昇しているので、半年間で0.3度上回ってしまったことになります（アメリカ海洋大気局NOAAの調査では0.2度上昇）。

この事実に多くの専門家が衝撃を受けました。100年以上かかって一度上がっていた気温が、半年で0.3度上昇している！　これは、温暖化が加速していることをはっきりと数字で示したデータとなりました。この傾向は、２０１６年以降も継続しています。温暖化が進行すると何が起きるのか、今わかっている問題を挙げてみます。

・異常気象による災害や水不足
・干ばつによる農産物の不作、それに伴う食糧不足による飢餓
・生態系の破壊、生物種の絶滅
・海面上昇による土地の浸食
・熱波による健康被害や死亡のリスク

日本で普通に暮らしているかぎり、温暖化がここまで深刻な未来を引き起こすとは実感できません。多くの場合は「最近の夏は暑いね」で済ませられます。

でも、すでにお話しした通り、私は、キリマンジャロをはじめとして世界の各地で起こっている自然の変化を目の当たりにしてきました。ですから、この平均気温の上昇について知った時、危機感を感じずにはいられませんでした。

脱炭素社会という目標

この状況を考える時、大切なことがあります。それは、**温暖化は遅らせることができる**ということです。**しかも私たち人間の手で。**いいえ、人間の手によってしか、なしえません。

なぜかというと、温暖化の原因は「人間の活動」によって増加した、温室効果ガスだからです。先ほど、主に先進国の工業化が温暖化の要因だと言いましたが、それは人間の選択の結果です。だから、その選択を変えれば、流れはかならず変わります。温室効果ガスには、二酸化炭素（CO_2）、一酸化二窒素、メタン、フロンガスなどがあります。その中でも特に影響が大きいのが、CO_2です。このCO_2は、私たち自身で、減らせるものなのです。

「そんなことくらい知ってるよ」という声も、聞こえてきそうです。ただ、地球の状態を考えると、時間がありません。上昇し続ける気温を下げるために、専門家は思い切った指針を打ち出しました。

ＥＵは、２０５０年までに温室効果ガス排出量を、２０１０年の水準から６割減らすことを提唱しました。２００５年に発効した京都議定書での目標は、マイナス５％（日本は６％）でしたから、なんとその10倍の目標になります。

また２０１５年に開催されたＣＯＰ21（国連気候変動枠組み条約第21回締約国会議）では、２０２０年以降、「**脱炭素社会**」を目指すことで合意しました。

「低」炭素社会ではありません。石油などの化石燃料にたよる社会から、太陽光や風力、バイオマスなどの再生可能エネルギーを利用する社会へと変わっていこうという大きな方針転換です。

この動きはすでに始まっています。たとえばトヨタは、2050年までに達成を目指す「環境チャレンジ2015」を発表しました。4つのチャレンジのうち、3つがCO_2に関係する問題です。具体的に紹介すると、次の通りです。

1　新車のCO_2を2050年までに2010年比、90%まで削減
2　部品、車輌製造、走行、廃棄までのすべての行程でCO_2をゼロに
3　「低CO_2技術の開発、導入と日常の改善」「再生エネルギー活用、水素利用」によって、生産工場から出るCO_2をゼロに

アップル、マイクロソフト、インテル、ユニリーバなども、再生可能エネルギーの利用に舵を切り始めています。今後多くの企業が、この流れに続くはずです。そして私たち個人のレベルでできることも限りなくあります。それは、4章以降お話ししていきます。その前に、しばらく地球の現状について知ることにしましょう。

あなたの暮らしは、地球何個分？

わかりやすい試算があります。今世界中の人々――73億人（２０１９年時点で77億人に増加）と言われています――が１億２千万人の日本人と同じような生活をすると仮定します。この時、73億人分の水や資源を求めると、なんと「2.5個分」の地球が必要になります。

この試算は、日本人は一人あたり、地球の自然回復力の2.5倍分の資源を使って生活していることを意味します。つまり、地球が回復するスピードより2.5倍も速く、資源を消費していることがわかります。

アメリカ人の生活を基準にすると、地球5.3個分が必要となり、ＥＵ加盟国平均では、2.7個分という試算です。先進国の人間が、いかに資源を使っているかわかります。

地球は人間に資源を恵み、私たちはそれを享受して生きています。私たちが資源を使っても、それが自然の再生力と対応したスピードであれば、地球１個分の生活ができているということになり、問題はありません。でも、資源を使いすぎると地球の回復を待つことはできず、一つの地球では間に合わなくなります。

別の視点から見てみましょう。

たとえば、1本の木が成長し、木材製品になるまで30年かかると言われています。この場合、30年後に伐採して再び植林するというサイクルなら、地球は持続可能です。でも、材木が必要だからといって30年経つ前に伐ってしまうと、それだけで森林は減り、そこにあった森や林は失われることになるのです。

地球全体で見ると、魚の乱獲、石油資源の浪費など、数限りない場面で、私たち人間は、地球が再生できる能力を超えた活動をおこなっています。

これは、地球そのものに対して負荷を与えているだけではありません。私たちは、これから生まれてくる人々に残すべき、未来の資源をすでに使ってしまっていることになります。

ネイティブ・アメリカンの知恵

２０５０年には、地球の人口が97億３千万人を超えると言われています（国連「世界人口推計――２０１５改訂版」）。将来のための資源を私たちが使ってしまっているのに、これ以上人口が増えたらどうなるのでしょう。

ある時、ネイティブ・アメリカンの人々に伝わる教えを知って、ハッとしました。それは、この地球は先祖から受け継いだものではなく、「**未来からの借り物**」だとするものです。借りているのだから、きれいなままで返さなければならない。彼らは、そう考えるのです。

私たちも、普通はたとえハンカチ一枚であっても、借りたものはきれいに使い、洗ってアイロンをかけて返します。大事な借り物である地球に、私たちは今、どれだけの負担をかけているのでしょう。地球に対しても、ハンカチと同じ発想を持てたら、きっと普段のあり方も変わるはずです。

とはいえ、工業化以前の生活に戻ろうとしても無理な話です。

地球一個分の生活に戻すためにはどうしたらいいか、自分にできることを一つ一つ積み重ねていくしかありません。――電気をこまめに消す、再生可能エネルギーで作った電力を選ぶ、バスや電車に乗る、ゴミを減らす、CO_2の排出量の少ないエコカーを選ぶ、節電できるＬＥＤ照明を選ぶ……などなど。

ここで並べたことは、本当にどれも小さなことばかりです。小学校の時から、言われているということも多いかもしれません。

でも、私たちは小さな選択の積み重ねでできています。「えっ！」と驚いたその先で、自分がベターだと感じる選択をすることを、忘れないでいたいと思います。

＊57ページで紹介した試算は、エコロジカル・フットプリント（環境面積要求量）と呼ばれる分析によっています。

たとえば、私たちは毎日、お米、野菜、肉などを食べて生活をしていますが、その生産には耕作地、牧草地が必要です。食糧だけでなく家具の生産なども含めて、私たちの生活を支えるのに必要な土地、水域面積を合計した値を「エコロジカル・フットプリント」と言います。現在の社会生活を維持するために必要とされる生態系に対する需要量を、土地の面積で表した指標です。この指標はさまざまな仮定において計算されています。

供給については、バイオキャパシティと言われる、土地が供給できる再生可能な資源生産量と廃棄物吸収量を考えます。生物生産性の高い土地面積と海面積を合計すると、地球の表面積の22％にしかならないことがわかっています。

この指標を利用して、需要についても供給についても、ともに、土地面積（グローバルヘクタール）に変換することで、そのバランスを考えることができます。需要が供給を上回れば、当然、地球の持続可能性を考えていくことはむずかしくなります。

私たち日本人は地球1個分の生活からはほど遠い生活をしていることをお伝えしました。需要が供給を上回った状態をオーバーシュート（行き過ぎ）と呼びますが、最新の研究では、地球は１９７０年代からオーバーシュートに入っていたと報告されています。

この問題については、ＷＷＦジャパンの公式サイト、同志社大学経済学部教授、和田喜彦先生の「エコロジカル・フットプリントの分析とその応用」を参考にしました。

動物たちの未来は、私たちの未来

地球で生きているのは、人間だけではありません。どうしたら、地球上ですべての生き物が幸せに共存できるのでしょうか。それを追求していくことも、エシカルにとって大事なことだと感じています。

今、世界中の森林破壊や海水汚染によって、野生生物が次々に姿を消しています。２０１６年、「絶滅危機種」に指定された世界の野生生物は、２万３９２８種。１年で600種以上増えました。

「絶滅危機種」でよく話題にのぼっていたのが、野生のジャイアントパンダです。でも２０１６年、パンダは絶滅危惧種からは外れました。地道な保護活動が、絶滅危惧種を救った一つの例と言ってもいいと思います。

日本では、アホウドリやシマフクロウ、イリオモテヤマネコなど、３１５５種類が絶滅危惧種に指定されています。原因を見てみると、乱獲、森林伐採、護岸工事や河川の汚染など、そのほとんどは人間発のものばかりです。これは、日本だけの現象ではありません。
人間が追い詰めてしまった動物たちを救うには、どうしたらいいのでしょうか。

野生動物を守るパーム油

今、世界の野生動物を追い詰めている原因の一つに、パーム油があげられます。「パーム油」と聞いて、すぐにピンとくる人は少数派だと思いますが、「パーム油を使った商品」は私たちの身近にたくさんあります。パン、お菓子、マーガリン、アイスクリーム、冷凍食品、インスタント麺、化粧品、シャンプー、石鹸、洗剤……。また、ファストフード店や総菜店などの揚げ油や、塗料、インクなどにも入っています。こうやって見ると、パーム油抜きでは私たちの生活は一日も成り立たないと言ってもいいかもしれません。それでも普段、この言葉を目にしないのは、通常「植物油脂」「植物油」と表示されているからです。

では、パーム油の産地がどこか、あなたは知っていますか？
現在、パーム油の90％が、マレーシアとインドネシアの２か国で生産されています。原料となるアブラヤシが育つ熱帯雨林は、さまざまな植物が育ち、多種多様な動物が住まう森です。絶滅が心配されているオランウータンやトラ、アジアゾウをはじめとして、稀少動物たちもたくさん生息していることで知られています。

ところが今、パーム油によって危機に立たされているのが、この熱帯雨林です。アブラヤシは、豊かな森を伐採し、何ヘクタールものプランテーション（大規模農園）を作って栽培されます。搾油工場を作るには、最低でも3000ヘクタールが必要というデータもあります。時には、1万ヘクタール以上の熱帯雨林を伐採しなければなりません。

パーム油は、安くて生産量も安定しています。その利点のため、1960年代から需要が急激に増え、広大な面積の熱帯雨林が焼き払われ、森はプランテーションに姿を変えました。

その結果、動植物たちの生きる場が奪われ、絶滅の危機に瀕している動物も少なくありません。緻密な食物連鎖で成り立っている熱帯雨林では、たった1種類の動植物であっても、その存在が失われれば生態系の問題へと直結します。

また、熱帯雨林の伐採は、温暖化にも大きな影響があります。CO_2を吸収してくれる森林が失われ、その加速につながるからです。

さらに、先祖代々、森に暮らしてきた先住民の暮らしも脅かされています。実際にインドネシアのボルネオ島では、先住民と企業・自治体との紛争が起こっています。

現地で働く人々が低賃金や過重労働に苦しみ、農薬被害にもさらされているという報告もあります。価格を抑えるため、ここにも生産者にしわ寄せがいっている現実があるのです。

RSPO

それらの問題の解決を目指すのが、「持続可能なパーム油のための円卓会議」（RSPO）です。この団体は、**熱帯雨林をこれ以上伐採することなく、先住民や現地で働く人たちの人権にも配慮したパーム油の生産を進めていく**ために発足しました。

現在RSPOは、「持続可能なパーム油」の認証制度を作り、生産や流通などで厳しい基準をクリアした製品には、認証マーク（129ページ）を与えています。

日本では、「ヤシノミ洗剤」で有名なサラヤがいち早くこの会議に参加しました。当初サラヤでは、自社製品の原料であるパーム油が、環境問題や社会問題の原因の一つになっていることを把握できていなかったそうです。しかし、あるテレビ番組の制作会社から指摘を受け、百八十度の方向転換を図りました。今では、サラヤの家庭用製品に使われている原材料は100％「持続可能なパーム油」になっています。

サラヤの例は、企業が経営方針をエシカルに変えた好例です。企業が社会への責任を果たすために踏み出した大きな一歩だと思います。

また花王グループも２０２０年までに、消費者向けの製品に使用するパーム油は、持続可能性に配慮し、どこの農園で作られているか、その原産地まで追跡可能なもののみに切り替えると宣言しています。


野生動物の保護活動はもちろん有効ですが、今後私たちにできることは、これ以上彼らの住む環境を汚さないようにすること。また、環境破壊を進める企業があったとしたら、「ＮＯ」と意思表示すること。冒頭で私たちが、「ものを買う力」を持っているとお伝えしました。たとえば、ある企業の動きに賛同できるようだったら、積極的にその商品を買う。逆に言えば、いやだなと思ったものは買わない。その力が私たちにはあります。

そして、動物たちの未来は、私たちの未来だという意識——これも大切です。そこから選択することによって、動物たちの未来は変わります。人間が引き起こした地球のひずみが動物たちに影響を及ぼしているのであれば、私たちが別の選択をすることによって、彼らによい影響が生まれるかもしれない。そう思うのです。

世界を巡る旅の中で、私はさまざまな動物たちと出会いました。

アフリカのタンザニアやケニア、南アフリカ共和国、そして、アラスカなどで見た野生動物の神々しさは今でも忘れられません。海の中で出会った魚たち、船から見たイルカやクジラの美しさにも感動しました。こうした野生の生き物たちが、今この瞬間、同じ地球で生きていることを、騒々しい日常の中で想像するだけで心が豊かになります。

この地球上に生きているたくさんの種類の動植物のおかげで、私たちは生きていけます。彼らの存在が当たり前でないことを、いつも心に置いておきたいと思います。

日本とアメリカ、動物を見る目の違い

野生動物がいる一方で、人間のために命を提供してくれる動物もいます。私たちの命や暮らしが続くのは、そんな動物のおかげだとも言えます。

しかしスーパーの鮮魚売り場は、「将来絶滅するかもしれない魚」の展示場になっている――、今、専門家からそんな指摘が出ています。絶滅寸前の魚が乱獲され、「普通の魚」として大量に売られているのです。

これもすぐには信じられない話です。でも、太平洋クロマグロは乱獲で、とうとう絶滅危惧種に指定されてしまいました。マアジやマサバなども、絶滅予備軍です。

日本の漁獲量は、乱獲や気候変動、海洋汚染によって、年々減っています。この状況が続くと、お寿司や魚料理が食べられないどころか、和食に欠かせない出汁《だし》もとれなくなる日がくるかもしれません。そんな警告がされてもおかしくないほど、海は危機的な状況にあります。

どうやったら、そんな未来を回避することができるのか。

私たちができることの一つは、「海のエコラベル」（129ページ）つきの魚を買うことです。ＭＳＣ「海のエコラベル」は、持続可能な漁業で獲られた水産物にのみつけられます。海洋管理協議会（ＭＳＣ）が管理・促進する認証制度です。

もし近所のスーパーに「海のエコラベル」つきの魚がなければ、少し勇気が要るかもしれませんが、「ここには「海のエコラベル」つきの魚はありませんか」と訊いたり、店頭で見かけるアンケート用紙に書いてみてください。魚という「資源」も、無限ではありません。海のエコラベルを普及させ、豊かな海を取り戻せたらと思います。

また、日本ではおいしい卵を説明する時に、ニワトリが広々とした場所で育てられていることを謳《うた》い文句にすることがあります。そんな卵でできたプリンも人気を集めています。

では逆に、広々とした環境で育っていないニワトリは、どんな環境で育つのでしょうか。牛や豚は？　そんな情報が表立って伝えられることはあまりありません。裏返して言えば、虐待的な扱いをされて飼育される動物が少なくないのです。

私は、10代をニューヨークで過ごしたのですが、スーパーに行くと、鶏肉や卵は「平飼い（放し飼い）」かどうかが、明記されていた記憶があります。平飼いであるか、ケージ飼いであるかは、ニワトリに与える負荷がまったく違います。もちろん、品質にも差が出ます。

牛乳や他のお肉も同じです。消費者には、肉や卵を選ぶための知識が求められ、その権利も与えられていました。それは、動物の命をいただく以上、きちんとその目を養い、知識を持とうという意味があったのだと、あらためて今思い返しています。

そしてニュースでは、動物愛護団体の毛皮反対運動が報道され、化粧品メーカーであるザ・ボディショップなどの動物実験に反対するコスメブランドも普及していました。こうして動物の権利について考える視点を、自然に養うことができていたようにも思います。

しかし――。それでも私の認識は十分ではありませんでした。エシカルを勉強し始めてから、動物たちがどれほど犠牲になっているかを知りました。

ほんの一例ですが、動物に対して何がおこなわれているかをお伝えします。

・ニワトリが足場の安定しない狭いケージに入れられ、卵を産むためのマシーンとなっている
・ニワトリのくちばしを麻酔ナシで切り取る
・食用の牛や豚の尾が邪魔なので、麻酔ナシで切り取る
・ダウンのために、生きたガチョウやグースの首から羽毛をむしり取っている

・ひよこを大量に産ませて、オスは捨てる
・ウサギの目でシャンプーなどの刺激実験をおこなう

今この時も、虐待飼育や動物実験の現場では、直視できないようなことが起きています。動物の命があって、私たちの命があるにもかかわらず、日本では法整備はおろか、どんなことが起こっているのかさえ伝えられていないように思います。

しかし、共存のための変化も生まれています。動物愛護団体の地道な働きかけで、複数のコスメブランドが動物実験をやめ、良心的な飼育法の畜産農家が徐々に、そして確実に増えつつあります。日本ではＮＰＯ法人アニマルライツセンターがエシカル消費の一環として、動物の福祉と権利を訴えています。ダウンを扱うアパレル業界でも、「責任あるダウン水準」として認証マークが生まれたほか（128ページ参照）、グリーン・ダウン・プロジェクトが、ダウンのリサイクルに取り組み始めました。

一番大事なのは、これまでお話ししてきたように「知る」こと——、私たちの生活を支えてくれている命を当たり前とせずに、関心を寄せること。そして、その関心を維持し続けること。これが、動物との共生を探る第一歩です。

COLUMN

エシカルの根っこ 2

日本人はもともとエシカルでした

もともと私たち日本人はエシカルな精神性を受け継いでいます。

たとえば、あなたは、「お天道様が見ている」と誰かから聞いたことはありませんか？ 日本人は、「誰も見ていなくてもお天道様だけは見ている。だから、悪いことはできない。正しいことをしよう」と考えてきました。この本ではこれまで「良心」という言葉を使ってきましたが、このお天道様と言い換えてもいいと思います。

また、「足るを知る」という言葉もあります。これは「知足者富」（足るを知る者は富む）という老子の言葉に由来しています。

必要以上に消費するのではなく、今あるものを大事に使う。多くをほしがるのではなく、自分の身の丈に合った生活をする。それは、無駄が一切ない日本家屋の室内や、一枚の着物を繕いながら着て最後は雑巾にする、つつましやかな暮らし方からもわかります。

また、私たちは自然に生かされているのだという、日本独特の感性もあります。「粋《いき》」、そしてシンプルさの極みとも言える「侘《わ》び寂《さ》び」という美意識も、エシカルに通じるものがあります。

神道には、「中今《なかいま》」という言葉があります。中今とは、「先祖から受け継いで『今』があり、現在はそれを未来へつないでいくための『中』(途中)である。だから、今にいる私たちが正しいことをしましょう」という精神です。

書き上げてみると、日本人が昔から大切にしてきた考え方がエシカルと近いことに驚きます。

現代の私たちは、ものも情報も飽和状態で、お金を出せばすぐに何でも手に入る便利な時代に生きています。私は「エシカル」を通して、受け継がれてきた考え方にもう一度新しく出会えたように思っています。

そして私たちが受けとったバトンを、豊かさに感謝しながら、次の世代に渡していきたいとも思っています。エシカルという言葉と一緒に。

3

世界を見て出会った、新しい未来の変え方

僕が暮らしているここだけが世界ではない。さまざまな人々が、それぞれの価値観をもち、遠い異国で自分と同じ一生を生きている。つまりその旅は、自分が育ち、今生きている世界を相対化して視る目を与えてくれた。それは大きなことだった。

——星野道夫

きっかけは、キリマンジャロ山頂で見た氷河でした

おしゃれが好きな、普通の女子大生だった私が、なぜ「エシカル」に目覚め、協会を立ち上げたか。それは、「はじめに」でもお話しした通り、テレビ番組「世界ふしぎ発見！」のミステリーハンターとして、世界各地の秘境を訪ねたことがきっかけです。

2004年、私たちはアフリカ最高峰キリマンジャロ（5895メートル）山頂を目指しました。人生最大の転機となった旅でした。

旅の目的は、山頂の様子を実際に確かめてレポートすること。山頂にある氷河が地球温暖化の影響で溶け始めている。当時すでに、氷河はもとの面積の2割にまで縮小していると報じられていました。しかしそれだけでなく、残りも2020年までには消失してしまうのではないか……。オハイオ州立大学のロニー・トンプソンはこのように予測していました。

地球温暖化とは、30年程度のスパンで世界の年間平均気温の変化を調べ、その結果、

全体として上昇傾向にあると結論されたことを意味します。現在、地球が全体として温暖化し、危機的状況にあることは間違いありません。そして産業化以前とくらべて、地球の表面には余分な熱エネルギーが蓄積されていると考えられています。

しかし、気候変動に関する政府間パネル（ＩＰＣＣ）第５次報告書によれば、温暖化が個々の気象にどのような影響を及ぼしているかはそれぞれ異なります。キリマンジャロの氷河が今後どのように変化するかは、土地の条件や降雨量の変化も関係するため、簡単に結論することはできません。キリマンジャロの氷河の消失は、人間の営みが引き起こした温暖化が原因なのかどうか。この問題は、科学者による研究がつづけられています。

さて、登山前、私たち取材班はふもとにある小学校を訪れました。そこで出会ったのは、少しでも温暖化を食い止めようと、植林活動をする子どもたちです。

地球がまた元気になりますように

子どもたちはそう祈りながら、１本ずつ木を植えていました。自分たちで植林して森を守ろうと必死の努力をしていたのです。子どもたちは、私に言いました。

ぼくたちは山頂まで行けないから、代わりにお姉ちゃんが登って、氷河の様子を
　確かめてきてね

目前には、キリマンジャロがそびえ立っています。私は高尾山にしか登ったことがありません。自分があんな高い山に登れるのだろうかと気後れしていた私は、その言葉に奮い立ち、同時に「絶対に頂上に辿りつかなければ」と使命感によるプレッシャーを感じました。

いきなりキリマンジャロに登るなんてすごいと思われるかもしれませんが、実際には、現地ガイドと一緒なら、初心者でもチャレンジできる山です。しかし、もちろん100％成功するわけではありません。ガイドを含む現地スタッフと日本の取材班、総勢20名の登山チームが編成され、緊張の中でのスタート。初日は、キリマンジャロ特有の自然を楽しみながら、トレッキング気分で２７００メートルまで到達しました。

ガイドの話では、４７００メートルまではかならず行けるけれど、高度が増すその先はなんとも言えないとのこと。ますますプレッシャーを感じながら、1泊目は一睡もできないまま朝を迎えました。

それでも、体力には自信があり、どこでも寝られて何でも食べられる「鈍感力」が私の長所です。翌日は徐々に薄くなる空気に苦しみつつも、どうにか歩みを進めるこ

とができました。

3日目は、富士山より高い4000メートルを越えます。この頃になると、少し歩くだけでも息切れするようになりました。どんなに足を動かしてもなかなか景色は変わりません。「人生と同じように、ポレポレ（ゆっくり）進めばいい」とガイドに励まされ、ようやく宿泊所に到着。翌朝は山頂でご来光を迎えるため、日付が変わってすぐ、山頂アタックを開始しました。

しかし、私もスタッフも、頭痛やめまいなど高山病の症状が出始めていました。鈍感力の高い私ですが、実を言えば、連日の緊張から眠れない夜が続いていました。気温マイナス5度、体感温度マイナス15度。真っ暗な中、睡眠不足の体は寒さで手足がしびれ、頭は割れそうに痛いという最悪の状態でアタックが始まりました。

5000メートルを越えると、酸素は地上の約半分。体への負荷がますます強くなり、3歩ごとに休まなければ先へ進めません。思考能力が落ちた頭で、ただただ次の一歩を踏み出すことだけを必死で考えていました。

太陽が与えてくれた登頂への力

アクシデントは、5500メートルを過ぎたあたりで起こりました。

遠くで名前を呼ばれているような感覚がします。目を開けると、そこにはスタッフやガイドの心配そうな顔がありました。大きな声で名前を呼ばれ、私は頬を叩かれていました。意識が次第に戻り、自分が気を失っていたことに気づきました。ガイドによると、この高度で倒れると命に関わるとのこと。このまま山頂を目指すにせよ、下山するにせよ、いずれにしても日の出まで休むことになりました。

あたりは漆黒の闇です。あれほど、夜明けが待ち遠しかったことはありません。寒さに震えながら、頭の中では、ふもとの小学校で会った子どもたちの祈りの言葉が、繰り返し響いていました。

やがて徐々に東の空が明るくなり太陽が昇り始めると、凍えていた体が一気に温まり、緊張もゆるんでいきました。日の光のおかげで、私たちは生きている——。自然の恩恵をこれほどまで感じたことは、後にも先にもなかったのではないか、今でもそう思います。体中のエネルギーが燃え始めるのが感じられ、地球を照らしてくれる太陽のありがたさが、文字どおり身に染みました。

登れる。登るしかない、私は思いました。

山頂に向かわせてほしい。そう頼むとスタッフは驚きましたが、私の意志が固いと知ってGOサインを出してくれました。一歩ずつ、ゆっくり歩みを進め、予定より3時間以上遅れて、ようやく山頂に到着しました。

涙があふれて止まりません。

氷河は、たしかに目の前にありました。まるまる4日をかけなければ辿りつけなかったその光景は、奇跡そのものでした。何度も涙がこみ上げてきたのを覚えています。しかし、以前は氷河だったという場所には、うっすらと雪が積もっているだけ。「太陽ってすごい、自然ってすごい！」と身をもって感じたばかりなのに、その自然が失われようとしている。その現実を目の当たりにして、私は衝撃を受けました。登頂の喜びも忘れて、一所懸命植林活動に励んでいた子どもたちのことを考えました。元気な地球を取り戻そうと、努力していた子どもたち……。今のままでは消えてしまうかもしれない氷河を前に、私も問題の解決につながるような活動がしていきたいと、心に決めました。

キリマンジャロでの5日間は、私に自然の偉大さと恐ろしさ、そして危機に直面している地球の今を教えてくれました。今になって思うと、自然は厳然としてそこにありながら、同時に、まるで恩寵《おんちょう》のように、私の人生の行き先を示してくれたように思います。

＊私がキリマンジャロに挑戦する以前、すでに山岳氷河の古気候学の専門家、ロニー・トンプソンが、キリマンジャロの氷河は２０２０年に消滅するという予想を発表しています。２００２年のことです。かつてカルデラの周囲を広く覆っていた氷河は、私が登頂した２００４年には、点在するような形でしか残されていませんでした。このうち、朦朧とした意識の中で私が見た氷河は、南の氷河だったことになります。

ＩＰＣＣの第５次報告書は氷河について、世界中のほとんどの氷河が縮小をつづけていると結論しています。

トンプソンは、長年の研究からキリマンジャロの氷河が消失していく原因について、「氷から水蒸気になるために必要なエネルギーは、氷から水になる場合と比べ７倍以上であることから、昇華が氷河消失の原因ではない」、「氷河が位置する高い山岳地域では地表より温暖化が増幅されることから、氷河は主に溶けて消失しているのではないか」と述べています。一方で、インスブルック大学（当時）のトマス・メルクは「山頂付近でも、地表に比べて温暖化の増幅は観測されていない。気温は氷点下であり、氷河消失の主原因は昇華である。また大気の乾燥化による降雪量の減少が氷河消失に寄与している。温暖化が引き起こした融解による低高度の山岳氷河の消失とは異なり、キリマンジャロの山頂氷河は例外である」と主張しています。この問題は現在も研究が続けられています。

サハラ砂漠のオアシスが小さくなっています

サハラ砂漠3000キロ縦断の取材も、印象に残る旅でした。

サハラ砂漠を有するリビアは、国土の90％を砂漠が占める北アフリカの国です。当時のリビアといえば、一党独裁の社会主義国家、イスラム強硬派国家というイメージが強い国でした。実際、私も同じような認識でリビアを訪れました。

でも今、印象深く思い出すのは、現地で出会った人々の笑顔と、サハラ砂漠で見た壮大な星空、そして現地ガイドに聞いた、オアシスが小さくなっていくという話です。

この旅でガイドを務めてくれたのは遊牧民のトゥアレグ族。キャラバンを組んでサハラ砂漠を横断しながら旅を続けてきた民族です。彼らと四輪駆動車に乗ってサハラ砂漠に入ると、オレンジ色の砂と岩の世界が広がり、まるで火星に来てしまったかのような風景がひたすら続きます。人の気配がまったく感じられない砂漠を旅しながら、360度砂丘に囲まれると、地球を独り占めしたかのような贅沢な気持ちになりました。

夜には星の王子様が出てくるのではないかと思うほどの満天の星空。言葉では表せないほどの迫力です。その下でたき火を囲んで食事をとり、ギター片手に歌ってくれるトゥアレグ族の歌に耳を傾ける時間は心安らぐものでした。

砂漠には、トイレもなければ電気もありません。もちろん、水道もありません。限られた水を大切に過ごす時間に、1滴の水のありがたさを身をもって感じるばかりでした。

太陽が反射し、黄金色に輝く砂漠をただただ進んでいくと、オアシスは突然現れます。砂漠の生き物たちの命をつなぐ泉です。オアシスを見つけるたび、その恵みに感謝が湧きました。でもある時、オアシスを前にトゥアレグ族のガイドがこう言ったのです。

オアシスが年々小さくなっている気がするんだ。地球はどうなっているんだろう

私は「ここでも？」と思わず耳を疑いました。日本に帰れば、私たちには、蛇口をひねるだけで水が出てくる生活が待っています。でも、砂漠を遊牧しながら暮らす彼らにとって、これは死活問題以外の何ものでもありません。

このままオアシスが小さくなっていったら、彼らはどうやって暮らしていくのだろう……、私は切実な思いで考えました。

同じアフリカ、ケニアのマサイ族を取材した時のことも、忘れられません。初めて会った彼らはちょうど、雨乞いのダンスを始めるところでした。聞いてみると、もう何週間も雨が降っておらず、ここ数年は日照りが続く年が増えているとのこと。そんな話を聞きながらふと脇を見ると、死んで干からびてしまった牛が目に入りました。

このように、世界の秘境と呼ばれる土地を巡る中で見たのは、現地の人々を支え育んできた自然環境が悪い方向に変化しているという真実でした。

私に、何ができるのだろう?

貧困問題も深刻でした。

途上国では、観光客である私たちにお金を無心する子どもによく出会います。お土産物を買ってくれと寄ってくる子どももめずらしくありません。そのたびにお金を渡したい気持ちと、それだけでは解決にならないという思いがせめぎ合いました。

南アフリカ共和国を走る豪華列車の旅を取材した時のことは、今も重く胸に残っています。贅《ぜい》を尽くした列車が1時間ほど走った後、車窓に広がる現実を見たのです。

そこはソウェト(アパルトヘイト時代、黒人が隔離されていた地域。現在も黒人のみが住んでいます)の中でも、最貧困層が住むという地域でした。

あたり一面灰色のバラックが建ち並び、その前で、やせ細った大人たちが破けた服を着て、こちらを見ていました。子どもたちは裸同然です。どの子も無気力な瞳で呆《ぼう》然《ぜん》と立ち尽くし、大人たちと同じように瞬きもせず私たちの列車に視線を送っていました。「私はこのまま、この電車に乗っていていいのだろうか」と、車窓から思わず身を引きました。

旅は続きましたが、自分が目の当たりにした現実を咀嚼《そしゃく》できない日が続きました。私自身は無事に仕事を終え、日本に戻ることができます。生まれた国が違うだけで、置かれた環境にこんなに違いがあるなんて、胸が張り裂けそうな思いでした。彼らの姿が頭から離れず、「私に、何ができるのだろう?」と考え続けました。

一枚の白いワンピースが教えてくれた「フェアトレード」

私一人にいったい何ができるのだろう……。キリマンジャロの山頂で環境問題を解決する活動をしていきたいと決心したものの、何ができるかわからない。日本に戻ってきても、しばらくそう考える日々が続きました。そんな私が、何を始めたと思いますか？

なんと、ゴミ拾いです。とにかく、「何かやらなきゃ」という思いでいっぱいでした。友人が、私の地元、鎌倉の海岸でゴミ拾いのボランティア団体を手伝っていたことを思い出し、参加してみたのです。幼い頃から親しんできた地元の海はいつでもきれいであってほしい、そんな思いもありました。

その後も、富士山や渋谷など、いろいろなところでゴミ拾い活動を続け、キリマンジャロの子どもたちをまねて、植林活動も始めました。

ゴミ拾いも植林活動も、実際に体を動かし、仲間たちと取り組むボランティア活動はとても楽しいものでした。

しかし同時に、いくら一所懸命拾っても、次に行くとまたゴミが捨てられています。結局、「人間の消費行動」や「意識」が変わらなければ、問題はなくならないのではないかと、私は感じ始めていました。そんな時にはかならず、キリマンジャロの山頂で決心した気持ちと、私に何ができるのだろうという思いがせめぎあいました。

そして、消えゆく氷河一つとっても人間の消費行動や意識とつながっている問題なのではないか、ゴミの問題と根っこは一つではないかと気づきました。世界で見てきた現状を変えるために、私は自分がこの目で見てきた事実を多くの人に伝えながら、根本的な問題へアプローチしたいと思い始めていたのです。

「ピープルツリー」との出会い

しばらくもんもんと過ごすうち、たまたま読んでいた雑誌『ヴォーグ・ニッポン』で、一枚の白いワンピースを見つけました。その素敵なワンピースは、「ピープルツリー」という、フェアトレードファッションの草分け的ブランドのものでした。

私は、このときはじめて「フェアトレード」という言葉と出会いました。

フェアトレードとは、直訳すると「公正な貿易、取引」。**現地の生産者の生活を改善しながら、自立を支援する仕組み**のことです。環境と人権に配慮された商品を生産し、それを輸入すれば、現地の生産者に十分な利益を受け取ってもらえるというわけです。

この言葉と出会った瞬間、「フェアトレードは、あの問題を解決する一つの答えになるかもしれない」と、私は思いました。キリマンジャロの氷河、サハラ砂漠のオアシス、そして南アフリカで思わず目をそらしてしまった貧困に苦しむ人々の姿が心に浮かび、希望のかけらを見つけたように感じたのです。そして、「ファッションで世界を変える」というピープルツリーの考え方に、とても強く惹かれました。

ピープルツリーの創始者は、サフィア・ミニーさんというイギリス人の女性です。サフィアさんは、１９９０年にご主人の転勤で日本に住むようになりました。その頃、日本ではまだフェアトレードの思想や商品はほとんど知られてはいなかったので、「日本にないなら、自分で作ろう」と、１９９１年にピープルツリーの前身となるグローバル・ヴィレッジを設立しました。その後、ピープルツリーを立ち上げ、今では、日本最大のフェアトレードブランドに育っています。

「この人に会いたい！」と、紹介してもらったサフィアさんは、おしゃれでかわいらしく、そしてとてもパワフルな女性でした。

「世界を変えたい」と力強く話すサフィアさんの言葉と、フェアトレードの仕組みに魅力を感じ、私はピープルツリーと関わりながら、新たな活動を始めました。

バングラデシュの風通しのいい工房で

フェアトレードに取り組むのなら、生産地を見なければ始まらない！　そう考えて、２０１０年、私はサフィアさんとともにバングラデシュに住む生産者を訪ねる機会を与えてもらいました。訪れたのは、バングラデシュ西部、インドとの国境沿いの小さな村、タナパラ村です。そこに、タナパラ・スワローズというフェアトレード生産者の団体がありました。

タナパラ村には、残酷な歴史があります。かつて、タナパラ村は東パキスタンに属していましたが、１９７０年代に勃発したパキスタンからの独立戦争で、村の男性約200人全員が殺害されたのです。

終戦後、残された女性たちが自活できるよう、スウェーデンのＮＧＯが支援に入り、スワローズが設立されました。それ以来、彼女たちが持つ刺繍《ししゅう》の技術を生かして、衣料品を生産しています。

ピープルツリーは１９９７年から取引を開始。現在ピープルツリーが扱う刺繍入りの綿製品の多くは、このスワローズで作られています。私もスワローズで作られたブラウスを持っていたので、それを着て、どんなところだろうとワクワクしながら現地を訪れました。

実際に訪れてみると、工房は風通しがよく光も十分に入り、居心地のいい空間でした。その中で、女性たちが糸巻きや機織り、刺繍、縫製とさまざまなセクションに分かれて働いていました。

手織り機は、足踏みで動かす大きなものです。バングラデシュでは機織りは男性の仕事だそうですが、スワローズでは女性がおこなっています。一日かけて織って、やっと5メートルから8メートルの布ができあがると聞き、手織り布の貴重さをあらためて感じました。電動織機をなぜ使わないかというと、この地方ではまだ停電が多いからとのこと。そのかわり手織りすることによって、年間2トンものCO_2を削減でき、さらに手織りの伝統を継承できます。

働いている女性たちに話を聞くと、母親がスワローズで働く姿を見て、自分もここで働きたいと思って育ったという女性が何人もいました。

同じバングラデシュでも、一般的な工場で働こうとすると、都市部に出稼ぎに行かなければなりません。しかし、タナパラ村では雇用があるため、親子一緒に生活できます。おまけに、工房の横に保育園や小学校が併設されていて、小学校は村の子どもなら誰でも通学でき、すべて無料です。すばらしい制度だと感動しました。

フェアトレード団体は、多くがスワローズと同じように、厚い福利厚生を整えています。その資金は、もちろん売上金です。貯蓄した売上金を民主的に協議し、村の現状に合わせて使う体制が整っていて、橋や井戸、病院などを作る団体もあります。

フェアトレードで夢を叶えられる生活に

工房で、印象的な親子三世代に会いました。

独立戦争で夫を亡くし、スワローズで働きながら４人の子どもを育ててきたロッキーさんと、母の姿を見て「自分も……」と働き出した娘のビッダさん親子です。ビッダさんは、スワローズで働くことで「女性が自由になり、自分の収入で娘は大学まで行けた」と話してくれました。娘のオニータさんに将来の夢を尋ねると、警官だと教えてくれました。理由は「人々の安全を守りたいから」とのこと。「もし警察官になれなかったら、スワローズで働いてもいいかな」と、オニータさんは話しました。

将来の夢を持てる子どもたちがいることは、その社会にとっての希望です。

途上国で働かされている子どもたちに「夢は何？」と聞いて、答えが返ってくることはほとんどありません。逆に、「夢って何？」と質問され、言葉に詰まってしまったこともあります。インドで私が出会った蠟燭とアクセサリーを作っていた子どもたち（37ページ）に夢を尋ねても、生気のない顔でポカンとするばかりでした。彼らは、その日一日をどうにか暮らすことでせいいっぱいなのです。

フェアトレード品は割高だという声も聞きます。しかし**価格には、生産者の賃金だけでなく、彼らが暮らす上で不可欠なインフラや教育のための資金も含まれています。**それは、**生産者の家族や地域コミュニティ全体のメリットとなる活動への資金**となります。ビッダさんの娘のオニータさんが通った小学校もこうして作られました。

とりわけ、子どもたちが教育をきちんと受けられることには大きな意味があります。彼らが大人になった時に仕事を得られる機会が増えるからです。

私が日本で買った美しいフェアトレードのブラウスが、環境の整った工房で手間と愛情をかけられながら丁寧に作られていること。そして、支払った代金のすべてが透明な会計で管理され、仲介業者が高いマージンを取ることなく、直接生産者の役に立っていること。

現地を訪れてその2つを実感し、その日着ていたスワローズのブラウスをますます大切にして、できるだけ長く着続けようと思いました。

ネパールで生まれる幸せなニットと女性たち

次にサフィアさんとともに訪れた生産地は、ネパールです。ネパールは、仏教やヒンドゥー教を信仰する多民族、多宗教国家です。この国の生産者団体ＫＴＳ（クムベシュワール・テクニカル・スクール）は、もともとヒンドゥー教の最下層民が住んでいたカトマンズ地区クムベシュワールという町にありました。

「ポデ」（不可触民）と呼ばれる彼らを支援するために作られたのが、この団体の始まりです。現在は、ニット製品やカーペット、家具などの生産のほかに、職業訓練や教育、食事支援もおこなわれています。案内してもらった工房では、女性たちが和気あいあいと楽しそうに手を動かしていました。

ＫＴＳでは、毎日工房に通わなくてもいい仕組みができています。２５００人いるニッター（編み手）の多くが家事のかたわら、自宅で仕事をしています。小さな子どもやお年寄りが家庭にいる女性でも働きやすい、フレキシブルな考え方だと感心しました。

ニッターたちの喜びは、子どもの教育のために自分の稼いだお金を使えること。聞いてみると、この地方の男性は生活費が余ると、タバコや酒、ギャンブルに使ってしまうことが多いのだそうです。

多くのフェアトレード団体と同じように、ＫＴＳでは、技術指導を受けて一定の技能を習得すれば、他の工場のほぼ2倍の賃金が支払われます。しかも、普通の工場のように、支払いが遅れることはありません。

彼女たちが習得しなければならない技術はかなり高度なものです。そのかわり、技術を身につければ、経済的に自立できます。フェアトレードの団体で働くことは、多くの女性たちに自信を与えているようでした。

貧困を解決し、自立を援助するフェアトレード

自分たちの製品を日本で多くの人が着ていることも、彼らの喜びになり、誇りになっていました。私がＫＴＳのニットを着ていたのを見て、「こんなに素敵に着こなしてくれるのなら、自分たちももっとデザイン力を高め、日本の人たちをイメージしていい製品を作りたい」とおっしゃってくださるのを聞いて、私もとてもうれしくなり

ました。

ネパールのカースト制度は複雑で、かつて「不可触民」と呼ばれた最下層の人々は、差別を受けながら貧困に苦しんだといいます。しかし、町の様子は活気があり、道行く人もいきいきとして見えました。市場に売られている新鮮な野菜や果物、荘厳な寺院の数々、サリーを美しく着こなす女性、笑顔で連れだって歩いている制服の子どもたち……。

人々の様子を見れば、そこに生きる人の暮らしぶりが直感的にわかります。クムベシュワールの町では人々が丁寧に毎日の生活を送っている。そんな印象を受けました。**フェアトレードが貧困を解決し、町を支え、人々を豊かにする手段となる**。そして、作り手も買い手も喜びを感じ、お互いを支え合える。その現場を実際に見ることができたのは、貴重な体験となりました。

その翌年2011年3月11日、日本では東日本大震災が起こりました。

震災以降、多くの方々がそうだったように、私ももっと社会のために何かできないかと悩みました。また国外だけでなく、国内にも目を向け始めました。震災で苦しんでいる方をはじめとして、弱い立場に立っている人々を支え、過疎化が進む地域を応援する、フェアトレードと同じような仕組みがあればいいと思ったのです。

そして、そこにピタリと当てはまったのが「エシカル消費」でした。

震災で被害に遭われた方や障がいを持った方が作る商品を積極的に購入すること。また各地で伝承がむずかしくなっている伝統工芸品を求めること、地域で作った農作物を地域で消費することなどが、エシカル消費の例として挙げられます。これらを応援、普及していくことで、どんな人も「何かしたい」というその思いを、日々の暮らしの中で実践できるのだ、とこれまでの悩みが氷解していきました。エシカル消費が、途上国だけでなく、日本が抱える課題を解決する一つの有効な手段であると感じ、その可能性を強く確信したのです。

そしてエシカルを意識するようになってから、私が尊敬する変化の担い手となっている方々の取り組みには、共通点があることに気づきました。それは、エシカルという言葉は使っていなくても、彼らの行動は、いわゆる資本主義や経済至上主義という既存の枠組みをよい方向にずらしていこうとしていること。つまり、どんな立場の人も幸せになれる選択肢がある新しい社会を作り出す挑戦をしていること。これは、まさに「エシカル」という概念そのものでした。

私には、ゼロからモノを創り出す力はないけれど、伝えることだけはできる。だったら、エシカルという概念を伝え、広めていく活動をしていけばいいのだと、道が見えてきました。こうして、今までフリーアナウンサーとして携わってきた「伝える」

ことを通じて、エシカルという新たな活動を始めました。キリマンジャロの山頂での決心は、当初予想もしていなかった価値観と出会ったことで、私を、大きく新しい世界に導いていったのです。

COLUMN

エシカルの根っこ 3

「三方よし」から「五方よし」へ

「エシカル」(ethical)という言葉は形容詞なので、本来は、名詞とセットになって使われます。その一つの例が、「エシカル消費」です。エシカル消費とは、ざっくり言うと、環境、人・社会、地域に配慮して作られたものを買うこと。

しかし、日本には、もともとエシカルな消費活動やビジネスを簡単に表す言葉がありました。それは、「売り手よし、買い手よし、世間よし」の「三方よし」という言葉。近江商人が昔から大切にしてきた商売の鉄則です。売り手と買い手が満足し、さらに社会貢献できることが商いの基本と考えられていました。

私はここに、「作り手よし」「未来よし」の2つを加えて、「五方よし」となった状態をエシカルの目指す理想と考えています。買い手だけでなく、作り手も売り手も満足でき、そして、環境に配慮して地球の未来も守れる「五方よし」。エシカルの指針として、

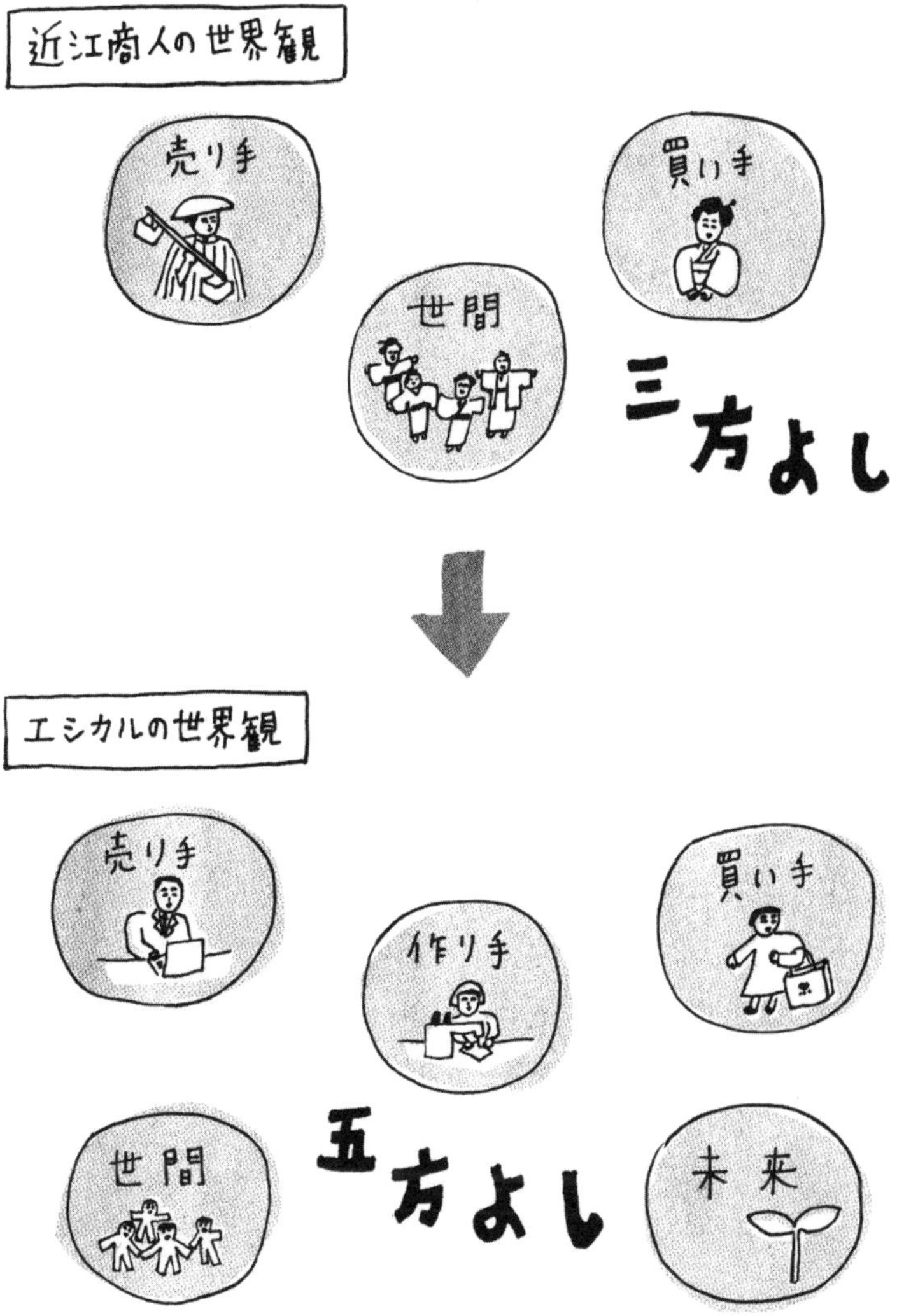
近江商人の世界観
売り手
買い手
世間
三方よし
エシカルの世界観
売り手
作り手
買い手
世間
五方よし
未来

この言葉を伝えていけたらと思います。

ここでちょっとだけ、歴史のお勉強です。

今に続くエシカルなムーブメントは、１９８９年にイギリスで始まりました。倫理的な消費を広め、企業にエシカルな経営を働きかけることを目的として、雑誌*ethical consumer*が創刊されたことがきっかけです。この雑誌の特筆すべき点は、独自に「エシスコア」という基準を定めたこと。食料品や衣料品など、５万件にも及ぶ製品やサービスのエシカル度を、19項目でチェックしています。「イギリス人はこのエシスコアを見て買い物する」と言われるくらい影響力を持つ指標です（エシスコアの評価は、「エシカル・コンシューマー」英語版公式サイト http://www.ethicalconsumer.org/ で閲覧可能です。日本で手に入る商品や日本企業の評価も含まれています）。

その後、１９９７年にイギリスのブレア首相が「今後の政治には、倫理的《エシカル》なアプローチが重要」と議会で発言し、世界的に広まるきっかけを作りました。

また日本では、１９８９年に環境に配慮した消費を示す「エコマーク」制度が始まりました。そして２００１年には、国や自治体などが製品やサービスを購入する際、環境に負荷ができるだけ少ないものを選ぶ「グリーン購入」を義務づける「グリーン購入法」が施行されました（グリーン購入をすすめるサイトとして、「グリーン購入ネットワークＧＰＮ」があります）。

しかし環境問題だけでなく、貧困や差別、格差など、それぞれの社会が抱える難問にも世界をあげて取り組まなくてはならないのではないか。そのための手段として、エシカル消費の取り組みが世界に注目されるようになりました。２０１２年に開催された国連持続可能な開発会議（リオ+20）でのことです。

２０１５年には国連開発計画の総会の場で、「持続可能な開発目標」（Sustainable Development Goals; SDGs）が採択されました。これは、２０３０年までに解決しようと合意した「世界を変えるための17の目標」（以下、国連広報センターによる日本語表記に準ずる）です。

1　貧困をなくそう
2　飢餓をゼロに
3　すべての人に健康と福祉を
4　質の高い教育をみんなに
5　ジェンダー平等を実現しよう
6　安全な水とトイレを世界中に
7　エネルギーをみんなに、そしてクリーンに
8　働きがいも経済成長も
9　産業と技術革新の基盤をつくろう
10　人や国の不平等をなくそう
11　住み続けられるまちづくりを
12　作る責任、使う責任
13　気候変動に具体的な対策を

14　海の豊かさを守ろう
15　陸の豊かさも守ろう
16　平和と公正をすべての人に
17　パートナーシップで目標を達成しよう

この中でエシカルの心を表しているのは、12番目の「作る責任、使う責任」です。国際的に、エシカルな経済活動を推進することが求められているのだと思います。これらに法的な拘束力はありませんが、加盟国が合意したことで、今後、具体的な目標となり、実際的な力を発揮していくでしょう。多くの企業が、エシカルを意識した経営へと舵を切り始めていますが、本業にSDGsをいかに取り込むかが、これらの目標が実現されるための大きな鍵のひとつとなるでしょう。

4

「一羽の蝶」の暮らしが、世界を変える

スモール　イズ　ビューティフル

――E・F・シューマッハー
（イギリスの経済学者）

「できることから」をもう一度考えてみましょう

講演などで私が世界の現場で見てきたことをお話しすると、「個人である私にできることは、あまりないと思うのですが」と、質問をいただくことがあります。

たしかに、一人で何か大きな運動を起こそうとしても、現実にはなかなかできるものではありません。でも、私たちすべてに共通することがあります。それは、誰もが「消費者」であること。毎日、お金を使って商品を買い、食べ、着て、消費していることです。

そして、「そうはいっても、個人の消費なんてたかが知れているでしょう？　社会の構造が変わらないかぎり、問題は解決しないのでは」という声もよく耳にします。ところが、実はそうでもないのです。**ＧＤＰ（国内総生産）の中で、個人消費が６割を占めています**。このことを考えると、私たちが毎日の生活で使っているお金は、とても重要な役割を持っていることがわかります。企業にとっては、私たち消費者はとても大きな存在です。毎日の何気ない「買い物」が、地球の環境や海の向こうの会ったこともない人々に影響を与えられるのです。

あなたも「バタフライ・エフェクト」という言葉を、聞いたことがあると思います。

これは、1羽の蝶の羽ばたきが、地球の裏側の天候に影響を与える可能性があるように、ほんの少しの変化が、いつか思いもよらない大変革を引き起こすということです。同じように、私たち一人一人の選択が積み重なると、それはもっと大きな力になってかならず地球の裏側にまで影響を与えます。それだけでなく、未来にも！

では、具体的にはどうやって？

この章では、具体的なエシカルライフについて紹介します。

100円玉2枚で始められる「バイコット」

エシカルなショッピングは、嗜好品《しこうひん》や食品など、いつも買っているものから取り入れていきましょう。「あ、これならやれそう」と思うところから始められることをご紹介いたします。巻末のショッピング・ガイドと一緒にご覧ください。

・コーヒーや紅茶を、フェアトレード品に変えてみよう

コーヒーや紅茶にも、児童労働や労働搾取の問題があります。一日中懸命に働いても、仲介業者にほとんどの利益が渡り、生産者には適正な賃金が払われない。また生産過程で大量の農薬が使われている場合もあり、生産者にも消費者にも影響があるとも報告されています。

それを解決するのが、フェアトレードのコーヒーや紅茶です。

近年、大手スーパーやコーヒーチェーン店、一部のコンビニエンスストアでも、フェアトレード品を扱う動きが広まってきました。もちろん自然食品店にも置いて

ありますし、NPO法人がコーヒーを生産し販売している例もあります。

・輸入品の野菜や果物ではなく、地元で生産されたものを

輸入された野菜や果物には、ポストハーベストやフードマイレージの問題が含まれている場合があります。ポストハーベストとは、収穫後、輸送時に防カビ剤や防腐剤で野菜や果物を燻蒸すること。フードマイレージとは、食品が消費者に届くまでにかかった輸送コストです。石油資源を使って運ばれた、危険性の指摘されている農産物を買うより、地元でとれたものを買う方がエシカルです。

最近では、道の駅などでも地場野菜がお手頃値段で買えるようになりました。

私は、環境にやさしい農法を実践している農家を応援する意味も込めて、自然栽培や有機野菜があれば、そちらを選びます（自然栽培と有機栽培の違いについては、121ページでくわしくお話しします）。

・エシカルなお菓子を楽しもう

オーガニック小麦のクッキー、ドライフルーツやナッツ、シリアルバーなどエシカルなお菓子類は、フェアトレード専門店や自然食品店のほか、最近では、ナチュラル志向のコンビニや輸入食品店などでも見かけるようになりました。

障がいを持つ方が作ったお菓子、地元の素材を使って作られる昔ながらのお菓子、被災地やＮＰＯ支援のためのお菓子などもエシカルなスイーツの一つです。

中でもフェアトレードチョコは手に入りやすいものかもしれません。イオンや特定ＮＧＯ法人ＡＣＥのオンラインショップでも購入することができます。値段も200円以下のものからあり、100円玉２枚から始められるエシカルです。

・食品は近所の個人商店で

スーパーに押されて、個人経営のお店はどんどん姿を消しつつあります。でも、長くそこにあって営業を続けてきた小さなお店だからこそ、地元に根づいた商品があったり、昔ながらの手作りの品物があるものです。

私も実家のある鎌倉では、なるべく昔からある八百屋さんや魚屋さん、肉屋さんや乾物屋さんで買うようにしています。地元ならではの鮮度もさることながら、何気ない挨拶や会話も楽しみの一つです。自分が住む地域を元気づけ、応援するという意味でも近所のお店を利用しつづけたいです。

エシカルな商品は普通の商品と比べて、少し割高なものが多いかもしれません。でも、たとえばお客様をお迎えする時、フェアトレードの飲み物とお菓子でおもてなしすると、会話のきっかけにもなって話が弾みます。

ほかにも、シャンプーやコスメ、洗剤など、日用品から変えていくと、エシカルな毎日に変わっていきます。

洗剤については、私が重宝している洗剤各種をショッピング・ガイドで紹介しました。2章に書いたサラヤの「ヤシノミ洗剤」（64ページ）は、価格も一般のものと変わらず、スーパーや一部のコンビニ、ドラッグストアでも販売されています。環境に配慮されているだけでなく、洗浄力が高い上、荒れやすかった私の手にもやさしく、一石二鳥です。

問題のある商品を買わないことで企業に働きかける運動を、不買（ボイコット）運動と言います。でも、「**バイコット**」つまり、**買って応援したり意思表示したりすること**が、エシカルの神髄だと私は思っています。だって私たちは日々、何らかの買い物をせざるを得ないのですから。

あなたは、どんなバイコットから始めますか？

ファッションから始める世界の変え方

エシカルショッピングをスタートさせる時のもう一つのおすすめは、「自分の好きなもの」から始めることです。あなたの好きなもの、よく買うものは何でしょうか？ そこを手がかりにすると、自分の生活とエシカルが楽しくリンクしていきます。

ピープルツリーのワンピースを通して、フェアトレードを知った時、私は自分が一番好きなファッションだったら始められる、そう思いました。その思いは、今の私のエシカルライフでも生きています。

私が尊敬する女性に生駒芳子《いこまよしこ》さんがいます。雑誌「マリ・クレール」の編集長をつとめた生駒さんは、まさに「プラダを着た悪魔」さながらのファッション界で活躍されています。

２０００年を過ぎた頃、生駒さんは、温暖化などの地球の変化に問題を感じ始めたと言います。同時に、サイクルが速いファッション業界のあり方に疑問を抱きました。

ちょうどその時期に、フェアトレードやエシカルという新しい価値観に出会った生駒さんは、エシカルを「新しいラグジュアリー」として捉えました。エシカルこそラグジュアリーであると。

この時期、プレタポルテとして名高いブランドも次々とエシカルに舵を切りました。たとえば、ルイ・ヴィトンは２００５年に全社をあげて環境保護を宣言しています。エルメスは商品を作る際に出る残布をすべて集めて、そこから新しい製品を作り出し、「プティ・アッシュ」というブランドを立ち上げました。

そして生駒さんは、今やファッション業界の主役は、デザイナーから消費者に移り変わった、と言います。デザイナーの影響が大きかったのは20世紀までのこと。以前は撮影が禁止だったパリ・コレも、来場者にＳＮＳで発信することを促す演出をおこなっています。今やファッションの流行を決めるのは消費者になり、ファッションは流行を追う「トレンド」から自分に似合う「スタイル」へと変化しました。これは、消費者が力を持つ時代に入った証です。

エシカルは一過性のトレンドではなく、より人間らしい社会を形成するためのルネサンス運動、哲学的命題、ライフスタイルのことです――、つねにファッション界の最前線で生きてきた生駒さんはエシカルをこう定義づけています。

エシカルファッションを試してみよう

さて、私が実践していることは、次の3つです。

・今持っている服を大切にして、長く使う
・1年間、袖を通さなかった服はNPOに寄付するか、リサイクルショップに持っていく
・今後は、できるだけエシカルな服を買う

「エシカルファッションは、値段が高いのよね」「エシカルな服は身近に売ってないでしょ」という声もよく聞きます。

たしかに、エシカルファッションは、ファストファッションほど安くはありません。しかし、ほんの数十年ほど前までは、洋服は今ほど安くありませんでした。ほつれやほころびは繕《つくろ》い、サイズが合わなければ「お直し」をして、長く着るものでした。また、「お下がり」をもらったりして、一枚の服を何人もが大切に着続けました。

実は、日本人は1年間に10キロの衣類を買い、9キロ処分しているという統計があ

ります。たった1キロしか手元に残らないなんて、驚くべきデータです。

日本全体では、年間約250万トンの繊維製品が消費され、200万トン近くがリサイクルされるか処分されています。リユース・リサイクル率は20%以下。約150万トンがゴミになっている計算です。これは、「お下がり」を親戚やご近所で着回していた時代からは考えられないことだと言ってよいでしょう。

また、着なくなった服をＮＰＯ法人やＮＧＯ団体に寄付することもエシカルです。私は、地雷除去や元子ども兵の社会復帰支援に取り組む、認定ＮＰＯ法人テラ・ルネッサンス（https://www.terra-r.jp/）の「フクサポ」プロジェクト（https://fukusapo.com）に寄付しています。古着1箱で、1平方メートルの土地の地雷除去ができ、元子ども兵社会復帰支援センターの給食2食分になるそうです。そのほかにも、寄付を受け付けている団体はたくさんあります。ぜひ、あなたの問題意識やポリシーに合う寄付先を探してみてください。


そして、エシカルな服は、実はとても経済的です。

たとえば、こんなことはありませんか？

・一枚500円のＴシャツや下着が、ワンシーズンでダメになってしまった

・流行の服を買ったが1、2年後には着なくなり、タンスの肥やしになっている

一方、私が10年前に買ったピープルツリーの服はいまだにどこもほつれることなく、活躍してくれています。

何枚も買って捨てるというサイクルを繰り返すより、作りがしっかりしているエシカルな服を丁寧に長く着ることは地球にやさしく、お財布にもやさしいのです。

エシカルファッションのオンラインショップは続々登場しています。オーガニックコットンや手織り、手刺繍が施されたナチュラルな服だけでなく、都会的なモードなデザインもあります。何回かに一回でもいいんです。ぜひオンラインショップやお店を訪れてみてください。エシカルな服を選んで、その着心地を知っていただけたらと思います。作る人や売る人の思いがこもった服、誰も傷つけていない服を着ていると、誇らしい気持ちになります。

きっとあなたも誰かに話したくなると思います。

「物語」のあるファッションは、こんなに楽しい！

エシカルな商品とは何かについて考える時、私が思い浮かべる言葉に「オリジナリティ」や「ストーリー」があります。エシカルなものには、それぞれの作り手や売り手の思いがぎっしり込められていて、それがストーリーとなり、オリジナリティを生み出しているのです。

私が初めて買ったエシカルなジュエリーは、ハスナのイヤリングでした。このイヤリングが気に入って毎日つけていたところ、会う人ごとに「かわいいね」「どこで買ったの？」などと聞かれました。

ほめられるとうれしくなります。「でしょ？　これ、実はね……」と、採取現場で起こっている問題と、創業者の白木夏子さんの話をします。白木さんはインドの鉱山で大人に交じって子どもまでもが働き、生気のない暗い表情をしているのを見て、日本初のエシカルなジュエリーブランドを立ち上げました。話を聞いてくれた多くの人が「そうなんだ！」と驚いたり、共感してくれたりしました。最近では、次に会った時に「ハスナに行ってきたよ」と話してくれる人も増えてきました。

今私が身につけているものは、そんな誰かに話したくなるストーリーがあります。

そしてあなたにも響くストーリーやオリジナリティを持ったエシカルグッズとの出会いがかならずあると思います。いい出会いがあったら、ぜひ教えていただけたらうれしいです。

本来は捨てられるはずだったプルタブを、人の知恵や技術でスタイリッシュに再生させたもの、伝統工芸を現代に合ったデザイン性でよみがえらせたもの、地球環境にできるかぎり配慮して作られたもの……。

それぞれに誰かが誰かのことを思い、地球の未来を考え、支えようとする意志が込められています。ここにストーリーが生まれ、オリジナリティが宿ります。そんなものに囲まれて過ごすことができれば、毎日の生活が今より愛おしくなるでしょう。

毎日を幸せにする物語があるもの。それがエシカルなものと言ってよいのだと思います。

私のお気に入り、エシカルファッション

Love & Senseのプルタブポーチ

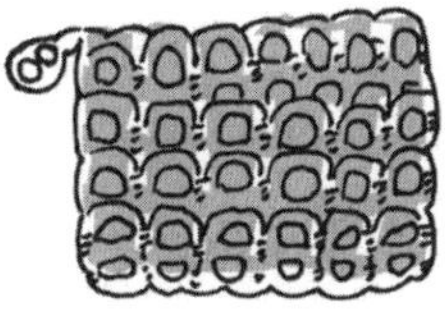

プルタブをブラジルの女性たちが、クロシェ編みで作ったもの。フェアトレードで取引されて、現地の女性たちの経済的自立に役立っています。私は名刺入れとして使用していますが、丈夫で軽く、使い心地抜群です。

BUAISOUのオリジナルキャンバストート

徳島県で藍を栽培し、染料を作り、染色、デザイン、縫製、販売をおこなっています。とにかく丈夫で長持ち。ちょっとした旅行でも重宝しています。染め直しサービスもあって、一生ものとして使えるのもうれしい。

Lee Japanのオーガニックコットンデニム

ピープルツリーのフェアトレード&オーガニックコットンの素材とLeeの技術がコラボレートして生まれた本格デニム。インドの小規模農家によって栽培されたオーガニックコットンを使用しています。エシカルなジーンズってあるの？と思っていた方には、ぜひ試してほしい一着。メンズもあり。

ヴィンテージ、お下がり、リメイク、アップサイクルが新しい

オリジナリティあふれるファッションといえば、ヴィンテージ・ファッションを忘れるわけにはいきません。ヴィンテージとは完成度が高く、古いけれども価値があるもの。ファッションの文脈では古着を指します。丁寧に扱われてきたからこそ、味わいが出て、作られてから時間がたった今でもオンリーワンのおしゃれが楽しめます。

私もヴィンテージが大好きで、祖母から譲り受けた50年前のワンピースを着て、結婚式に参列したりします。ヴィンテージショップで手に入れた、40年前のランバンのワンピースもお気に入りです。何十年も大事にされてきたものだから、私もそれになららって大切に着ていこうと思います。

リサイクルショップも大好きで、よく利用します。着なくなった服を売ることもありますし、もちろん買うことも。こまめにチェックすると、思わぬ掘り出し物があって、気軽な値段でおしゃれが楽しめます。

私がよく足を運ぶリサイクルショップが、パスザバトン（丸の内、表参道、京都祇園

の店舗のほか、オンラインショップがあります）です。

このショップの特徴は、一つ一つの商品に、前の持ち主の名前と写真、メッセージが書かれたタグがついていること。たとえば、こんなメッセージです。

このスカートは何年も大事に着ていましたが、サイズが合わなくなったので、次に着てくださる方にバトンを渡します

その人の思いも一緒に受け継ぐので、なおさら丁寧に着なければという気持ちになります。オンラインショップでメッセージを読むだけでも、出品した人の思いが伝わってきます。

リメイクと日本の伝統ファッション

一つのものを長く持たせるには、手入れもきちんとしなければいけません。手間暇をかけるからこそ愛着が湧き、より大事にしようと思うもの。

リメイクや「お直し」も、洋服を大事に着るためのエコロジカルな工夫です。

特に、身丈直しや染め直しをして何代にもわたって着続ける着物は、日本が誇るべ

きエシカルファッションだと思います。

着物は、伝統的にその地域で生産される素材や原材料を使って作られています。これはまさに、生産者、そしてその地域の特徴や文化を大事にするフェアトレードの理念と同じです。

時々私も着物を着る機会があります。着物をまとうことは、日本の文化や歴史をまとうこと。着物や帯の柄に込められた意味に、日本の豊かな季節やこまやかな感性を感じます。また、着物を着ていると声をかけられることも多く、コミュニケーションが広がっていくのも楽しいです。

アップサイクル

「アップサイクル」という言葉を聞いたことがありますか?

「リサイクル」は、一度使ったものを別の形で再利用すること。アップサイクルは、もう使わなくなったものに**デザインや技術の力で、新しい価値をもたせる**ことを言います。たとえば、先ほどご紹介したプルタブポーチもその一つです。

アップサイクルの代表的なブランドが、スイス発のフライターグ。トラックの幌《ほろ》を利用したメッセンジャーバッグ(自転車便の乗り手用バッグ)が有名なブランドです。

幌に描かれたロゴやカラフルなデザインが、そのままおしゃれな柄になっていて、同じデザインは一つもありません。日本でも人気があるバッグです。

そのほか、白無垢用の生地をドレスに仕立て直すナデル。廃材やデッドストックの着物や帯などを、シンプルなバッグに生まれ変わらせるコエット。グアテマラの民族衣装の生地を使ったパソコンケースや小物を現地で製造し、販売している ilo itoo（イロ・イトー）……。今日本でも、アップサイクルを生かしたエシカルブランドが生まれています。

新しい製品がどんどん生産され、次々に捨てられていく時代です。

そんな中で、まだ使える美しいものを大切にして受け継いでいく。古きよきものを見つけて**「もののストーリー」をつないでいく**。

私たちも、そういった気持ちで自分自身の洋服やジュエリー、バッグに向き合うと、ファッションをもっともっと深く楽しめると思います。

エシカルに生きる人は、何をどう食べる？

毎日の食事は、自分自身の体を作る生活の基本。そして、心を豊かにしてくれる大切な時間です。

食べることも料理することも大好きな私は、他の家事は手を抜くことがあっても、食事はおろそかにしたくないと思っています。そしてできるかぎり、地球にも人にもやさしい食事をとりたいと考えています。日頃心がけていることをお話しします。

・自然栽培の野菜や有機野菜、地元の野菜を選ぶ

一般に販売されている野菜の多くは、栽培の過程で農薬や化学肥料が使われています。環境に影響を与えるだけでなく、残留農薬の問題もあるため、私はできるかぎり、有機野菜か自然栽培の野菜を選ぶようにしています。また地産地消につながるよう、地元の野菜を選ぶようにしています。

エシカルな農産物が入手しにくいという場合は、生協（生活協同組合）に加入す

ると、トレーサビリティ（生産から消費までの流通経路の追跡可能性）のしっかりした野菜や農産物を購入できます。宅配してくれるので、忙しい人にもぴったりです。この他にも、「大地を守る会」や「オイシックス」など、有機農法や自然栽培の野菜を宅配してくれる団体がいくつかあります。

「有機栽培、自然栽培、低農薬……どう違うの？」という質問をいただくことがあります。どれも、農薬や化学肥料を使った一般的な栽培から、地球や健康に配慮した方向へ舵を切った栽培法ですが、それぞれに明確な違いがあります。

有機栽培は、ＪＡＳ法で定められた有機農法での栽培を指します。有機農法とは、化学的に合成された農薬や化学肥料などを3年以上使用していない土地で、堆肥《たいひ》などの有機肥料による土作りをおこなって栽培することです（ただし、指定された天然系農薬は許可されています）。「**オーガニック栽培**」も同じ意味で、「オーガニック」「有機」と表示して販売するためには、専門機関の審査を受け、「有機ＪＡＳ認定」を取得しなければなりません。有機ＪＡＳ認定は、野菜だけでなく、卵、肉、醤油、麺類、緑茶なども対象となっています。

　そして**自然栽培**は、農薬も肥料もまったく使用せず、栽培することを表しています。畑の環境を自然の状態に整えることで、土や植物が本来持っている力を引き出していきます。公的機関による認証制度はありませんが、自然栽培の団体が複数活動しています。

さらに、通常より農薬の散布回数を減らして栽培することを、**低農薬（減農薬）栽培**と呼びます。明確な基準や認証制度は特にありません。

自然栽培の農家の方とお会いする機会がある時は、その時々に収穫された野菜をいただいています。

これは、初めて自然栽培で育てたニンジンをいただいた時に、そのおいしさに驚き、たちまちファンになってしまったからです。また残念ながら、自然栽培のリンゴを少しの間そのままにしてしまったことがあったのですが、少しも腐らず、自然に干からびていたのを見て、その生命力に感動しました。

有機栽培も自然栽培も、また低農薬（減農薬）での栽培も、実現するのは並大抵のことではありません。今は、普通の農産物に比べて割高かもしれませんが、消費者として、買うことで生産者の方たちを応援していきたいと思っています。

・ノーミート・デイの実践

ベジタリアンではないのでお肉も大好きですが、週2日はお肉を食べない「ノーミート・デイ」を作っています。

実は、お肉を飼育するには、水や飼料など、たくさんの資源が必要になります。たとえば、牛の飼料となるトウモロコシ1キログラムを育てるには、1800リットルの水が必要です。牛が大量に食べる飼料を育てるために、牛肉1キログラムあたりその2万倍、3600万トンの水が要る計算になります。ハンバーガー1個に換算すると、3000リットルだそうです。

さらには、家畜が排出する温室効果ガスは、全世界の排出量の14・5%を占め、そのうち41%は牛肉によるものだそうです。お肉を食べることの意味を考えるためにも、ノーミート・デイは続けたいと思っています。

・できる範囲で。そしてなるべく手作りを

食事だけでなく嗜好品もエシカルなものを選ぶようにしていますが、選択肢がない場合は、無理にこだわりません。我慢したり、こだわったりするのではなく、「できる範囲で、最良の選択をする」ことを心がけています。

そして手作りできるものは、なるべく自分で作っています。生産者の方が心を込めて作ってくださったバトンを受け継いで、気持ちを込めて調理することを大切にしています。

先日の夕食の献立は、ホタテとタコの酢の物と茹でたトウモロコシ、パプリカとトマトのガスパチョでした。

酢の物は、近所の魚屋さんで買ったホタテとタコを切って、友人からもらったスダチで甘酢を作り、同じく友人宅の庭でとれたミョウガを添えて出来上がり。トウモロコシは、私が主宰しているフェアトレード・コンシェルジュ講座の生徒さんが育てたもの、パプリカは自然栽培の農家さんからのおすそわけです。

お酒をいただく時は、ビオ（有機）ワインやクラフトビール、地酒などを楽しみます。生産者の顔が見える食べ物やお酒は、食事の時間を豊かにして、幸せな気持ちにしてくれます。


さらに、私が大事にしている食の作法があります。

それは、**出されたものはすべて食べる**こと！　これに尽きます。食べ物を無駄にすることは絶対したくないという思いがあります。だから、食べ残しは常にゼロ！　ダイエットにはなりませんが、これは私が昔から大切にしていることです。

世界を旅していると、さまざまなものをごちそうになる機会がありますが、食べなかったものはありません。正直に言うと、中にはちょっと口に入れるのをためらってしまう食材が出てきたこともありました。でも、せっかく用意してくれた方の思いを無駄にしたくない。また、現地の方たちはそれをおいしそうに食べています。郷に入れば郷に従えで、どんなものもおいしくいただきました。逆の立場を想像すると、自分が外国の方をおもてなしする時、「お刺身や納豆なんか食べるの？」といやな顔をされたら、理解はできるけれど、やっぱり少し残念です。

以前、日本古来の循環型生活体験の場を提供しているＮＰＯ法人渡良瀬エコビレッジの町田武士理事長が、こんなことをおっしゃっていました。コンビニで買うおいなりさんと、お母さんが作ってくれたおいなりさんには、大きな違いがある。お金を出せば何でも買える時代になったけれど、お母さんが作ってくれたおいなりさんは特別だし、それを食べて育つ子どもは本物を知ることができる、と。

身近な人が心を込めて手作りしてくれたものは、人の体も心もすこやかに育むことができるのだと思いました。

バイコットのお話をしましたが、エシカル消費から出発したエシカルでは、つい「買う」行為ばかりに目がいきがちです。でもあえて「買わない」こと、心を込めて「作る」ことも大切にしたいと考えています。

何を、どこで、どうやって買えばいい？

今買おうとしてる商品が、本当にエシカルなものかどうか。私たちが買い物する際には、生産者や売り手が提供してくれる情報を信じて判断するしかありません。「でも、それが偽りの情報だったらどうするの？」、「見かけだけエシカルで、実態は違うかもしれない。誰が証明するの？」と感じる人もいるでしょう。

本当は環境への配慮が足りない製品なのに、環境にやさしいイメージをつけて売ることを「グリーンウォッシュ」と言いますが、同じように「エシカルウォッシュ」が起こる可能性もあります。

残念ながら、一つ一つの商品について私たち消費者が生産地まで行って確認することは不可能です。そこで、ここでは「本物」をどのように見分ければいいのか、私なりの考え方をお話しします。

まず、エシカルな商品かどうかを見極める大きな助けとなるのが、「認証マーク」です。認証マークは、その製品の生産過程において、国や国際団体が作成した基準をクリアしているかを、第三者機関が審査して与えるものです。認証マークが入っている製品は、原料調達から製品になるまでの過程（サプライチェーン）が定期的に調査され、その上で認証されています。ですから目安となって買い物を助けてくれます。ただし、そのプロセスを行うのも人間ですので、エラーが起こらないとも限りません。やはり私たち消費者一人一人が、製品の背景について意識することが大切です。

認証マークの種類は数多くありますが、ここでは代表的なマークをご紹介します。認証検査機関の一つである、コントロールユニオンジャパンの公式サイト（https://www.petersoncontrolunion.com/ja）には、ここに挙げたもの以外についても紹介されています。

ただし、認証マークがついていないからといって、それがエシカルではないとは限りません。良心的な製品を作っていても、認証を取得する経費や時間がかけられない生産者もいます。また考え方の違いで、生産者が認証マークを取得しない場合もあります。

私が心がけているのは、製品を売っている人に、まず聞いてみることです。また、食品は生産者から直接買うことも意識しています。どのようなプロセスで、あるいは、どんな思いで作られたかを直接尋ねてみるのです。すると、生産者のこだわりや作物に込めた思いを聞くことができます。フェアトレード品であれば、取り扱い店に聞いてみるのもいいと思います。

GRS

原料から最終製品までを追跡し、最終製品がリサイクル工程を経て生産された繊維製品であることを示す

OCS

原料から最終製品までの履歴を追跡し、その商品がオーガニック繊維商品であることを証明するマーク

GOTS

オーガニック繊維製品の認証マーク。有機栽培（飼育）の原料から環境と社会に配慮し加工されたことを示す

FSC®

責任をもって管理されている森林の木材が使われていることを示す森林認証ラベル。139ページ参照

RDS

原料の羽毛が強制給餌されていない食用の鳥から採られ、生きたままの羽毛採取がされていないことを示す

国際フェアトレード認証ラベル

開発途上国の生産者への適正価格の保証や、人権・環境に配慮した一定の基準が守られていることを示す

WFTO

主な事業としてフェアトレード活動を展開していると保証された団体が生産し、取引した商品を表すマーク

認証マークについて

認証マークは、個々の認証について基準を満たしているかを、認定された認証審査機関が定期的に審査を実施し、認証された製品にのみ、つけることができます。買い物をする時には、これらの認証マークが一つのヒントとなって助けてくれます。

有機 JAS マーク

JAS 法で定められた有機生産基準で生産、加工された食品。自然の力で生産されていることを示すマーク

USDA-NOP

アメリカ農務省の定めるオーガニック認証マーク。アメリカと日本は互いに有機制度の同等性を認めている

Regulation EEC. No. 834/2007 of Organic Production

EU の有機農業規則に則って生産、加工されたことを示す。日本の有機制度と同等性が認められている

MSC

持続可能で、環境に配慮した漁業で獲られた水産物にのみ認められる「海のエコラベル」。68ページ参照

RSPO

環境や社会に配慮した生産が行われていることを表す、持続可能なパームオイルの認証マーク。64ページ参照

食品ロスを減らす、サルベージパーティを開こう！

「サルベージパーティ」という言葉を聞いたことがありますか？

サルベージとは、「救う」ことを意味します。

このパーティで何を救うのかというと、それぞれの家庭で余ってしまった食材です。冷蔵庫の隅でしなびかけた野菜があるけれど……。賞味期限間近の食品や調味料があるのだけど、どうしよう……。それぞれ、手元にあるものを持ち寄って、新たな料理を作って食べてしまおうというパーティなのです。

一人なら持てあましてしまう食材も、何人かで持ち寄って工夫すると、意外な料理ができあがりとても楽しめます。今この「サルパ」が、若者を中心にブームになりつつあるのだとか。食品ロスを減らす、エシカルなパーティです。

サルベージパーティは、余った食材を楽しく活用できるだけではありません。SNSで発信すれば、多くの人に食品ロスについて意識してもらえる機会になります。

食品ロスとは、まだ十分食べられるのに捨てられている食品のこと。世界では、一日の食事を満足に食べられない人が8億4千万人以上います。かたや日本では、1年間で1900万トンもの食べ物が捨てられている現実。これは、世界の7000万人が1年間食べていける量だという試算があります。

　また、国連食糧農業機関（FAO）によると、世界で毎年13億トンもの食料が、収穫後、消費者の口に入ることなく廃棄処分されています。あなたも、ホテルやレストランなどで残された料理や、売れ残ったコンビニのお弁当やお総菜、期限切れになった回転寿司チェーンのお寿司などが、日々捨てられているという話を聞いたことがありませんか。私は、夜コンビニの前を通ったときに、大量のお弁当が捨てられているのを見かけて、ショックを受けたことがあります。

「もったいない」を意識し続けよう

　食品ロスを減らすために、私たち一人一人ができることはあるのでしょうか。

　そう考えた時、私たち日本人が昔から大切にしてきた「もったいない」という精神が役立ちます。サルベージパーティも「もったいない」から生まれたものです。

　「もったいない」は、ノーベル平和賞を受賞したケニアの環境保護活動家ワンガリ・マータイさんが、地球が持続可能な状態であり続けるために世界に広めるべき言葉として取り上げたことで、有名になりました。

この「もったいない」精神を発揮していけば、私たちにもできることはたくさんあります。余分な食品は買わない。買った食品は最後まで使い切る。外食の際に量が多すぎると感じたら、少なめに盛ってもらう。そうやって食品の無駄を減らすことは、ゴミを減らすことにもつながります。また、買った食材をきちんと使えば、お財布にもやさしいこと請け合いです。

ヨーロッパでは、食品ロス対策が一足先に始まっています。

2016年、フランスでは、大型スーパーに対して食品の廃棄を禁じ、慈善団体への寄付を義務づける食料廃棄禁止法が成立しました。これは、違反するたびに、3750ユーロ（約48万円）の罰金が科せられるという実効性を備えた法律です。

またドイツでは、「食べ残し徴収料」をとるレストランが出てきているそうです。主にビュッフェスタイルのカジュアルなレストランが多いそうですが、食べ物についても、一人一人が責任を持つことが求められる社会が訪れています。

毎日少しずつ、意識し続ける。これが大きな流れになるはずです。

先日、鳥取大学での講演後、ある学生がこんな話をしてくれました。

彼がアルバイトをしている居酒屋では、いつも大量の食べ残しや食材を捨てている。お客様に提供する量よりも、廃棄する量の方が多いのだそうです。

「お客さんに伝えるにはどうしたらいいか」と言う彼と一緒に私も考えました。まず店長と話し、店内のポスターやメニューでお客さんに食べ残さないでほしいと伝えること。ただし、ストレートに表現するとかえって敬遠されてしまうかもしれないので、「いつも残さず食べてくださってありがとうございます」というニュアンスにしたらどうか。そして、それでも効果がない場合は、今起きている状況や食品ロスの問題についても伝えること……。

私たちも、世界中で起きていることを「知る」ことからこの本を始めました。どんなことも、まず「知ること」「伝えること」から始まります。その時大切なのは、正しさだけを前面に主張しすぎないことですが、これがなかなかむずかしい。一気には変わらないかもしれません。でも、「おかしいな」「変えたいな」と小さな違和感を感じたならば、少しずつでも行動し続けることが、大きな流れへとつながっていくはずです。

大切な人へのプレゼントは、誰も傷つけない品物を

私がプレゼントを選ぶ時の基準は、「誰が作ったのか」「どんなストーリーがあるのか」がかならずわかること。もちろん、相手の方に合っているもの、喜んでもらえそうなもので、受け取る時の笑顔を想像しながら選びます。

そして、プレゼントを渡す時は、かならずそのストーリーも一緒にお話しするようにしています。そうすることで気持ちが伝わり、そのプレゼントをさらにスペシャルなものに感じてもらえるからです。

品物の背景や魅力を伝えることで、その贈り物を使ったり食べたりした相手の方が気に入ってくださって、その後購入してくださることもありました。実は、エシカルライフを広めたいと思ったら、エシカルなグッズをプレゼントするのが一番有効で素敵な方法です。

でも、相手にぴったりなプレゼントを選ぶのはなかなか悩ましいものです。

私のおすすめをリストアップしたので、参考にしていただけたらうれしいです。

・家族や友人など身近な人には日常的に使う雑貨や嗜好品が贈りやすいでしょう。特に、フェアトレードのコーヒーや紅茶は気軽に贈れます（スローコーヒーの「カフェオレベース」は水や牛乳で薄めるだけで手軽に飲め、瓶詰めのパッケージも素敵です）。フェアトレードの手仕事によるストールやポーチ、Tシャツなども贈りやすいです。ピープルツリーやiro itoo（イロ・イトー）のポーチはかわいいものが揃っています。Tシャツはサイズを選びやすいので、フェアトレード、オーガニックコットン製の洋服の入門としてもおすすめです。

・目上の方には、少し高価になりますが、ストールや、モダンなデザインの伝統工芸品などが喜ばれます。特に藍染ストールやメコンブルーのカンボジアのシルクストールはシックでおすすめです。

フェアトレードや藍染、織物のブックカバーもおすすめです。お酒が好きな方には、クラフトビールやフェアトレード&オーガニックのワインも粋。また、上質なオーガニックタオルは、性別年齢を問わず喜ばれます。ハンドタオルやハンカチなど小さなサイズのものも、ちょっとしたお礼などに。オーガニックコットンの製品は色や種類が豊富になってきました。相手の方の好みに合わせて選びやすくなっています。イケウチ オーガニックやホットマンのフェアトレードのタオルは、プレゼントに最適です。

・出産祝いとしてはオーガニックコットンのおくるみや産着。肌触りがやわらかく、肌の弱い赤ちゃんにも安心です。プリスティンではベビー用品が豊富です。

・食べるのが好きな人には、コーヒーや紅茶は「鉄板」ですが、フェアトレード&オーガニックのドライフルーツやスパイスセット、オリーブオイル、はちみつなどもお薦めです。クリスマスシーズンやバレンタインには、フェアトレードのチョコレートも話題作りのきっかけになるはず。

・女性へのプレゼントにはオーガニックコスメも素敵です。寒い時期はオーガニックのハンドクリームなども喜ばれます。ブランドのストーリーだけでなく、使用法や効果も合わせて伝えるととても喜ばれると思います。

・男性から女性へのプレゼントとしては、フェアトレードのバラ。「アフリカの花屋」がケニアから直輸入しているバラは生命力が強く、大きさも華やかさも特別です。なんといってもすばらしいのは、このバラを買うことで現地の雇用を促進し、ケニアの人々の経済的自立に貢献できるということ。愛情込めて育てられたバラを贈られたら、喜ばない女性はいないはずです！　もちろん女性から女性へ、また自分自身へのプレゼントにも。

私が今までもらって印象に残っているのは、大好きだった祖母が使っていた腕時計を母から譲り受けた時や、曾祖母が使っていた帯留めをネックレスに仕立て直したものを叔母から贈られた時のことです。今も大事に使っています。

手作りされたものや代々受け継いできたものなども、時間と思いがこもったすばらしい贈り物です。今まで私たちは、ブランド名や流行、そして見た目で、大事な人へのプレゼントを選んできたかもしれません。

でも、「プレゼントの裏側にある素敵なストーリーも含めて贈る」という考え方でプレゼントを選ぶと、贈る人も贈られる人も、さらに幸せになれるのです。

紙で森を守ろう、人を守ろう

1年間に約4億トン。これは、何の重さだかわかりますか？

2014年に世界で生産された紙の重さです。地球温暖化白書によると、世界中で紙のために年間およそ3000万トン、木造住宅にして300万軒分に相当する木材が伐採され、原料として使われているそうです。

日本人一人あたりが1年間に使用する紙の消費量は約215キロと言われています（世界平均は約56キロです）。紙の生産量は、中国、アメリカに次いで日本が世界第3位。世界全体の1割を国内で生産、その原材料であるパルプの約7割は、輸入にたよっています。

具体的には、ティッシュペーパーの日本人一人あたりの年間消費量は約4キロで世界第1位。さらに、紙パックは、日本全体で毎日2000万本、1年間72億本の牛乳パックが消費されると言われています。そして、新聞紙は年間360万トン。書籍は4億冊、雑誌43億冊が毎年発行され、これには年間150万トンから200万トンの木材が使用されている計算になります。

ところで、ピープルツリーのサフィアさんが来日した時、最初に覚えた日本語は何だったと思いますか？ なんと、「そのままでいいです」だったそうです。日本の包装は欧米に比べて丁寧ですから、サフィアさんは、さぞいろいろなお店でこの言葉を使ったことでしょう。

買い物をする時に、「包装は簡単でいいです」と伝えてみる。私はこのサフィアさんのお話を誰かにするたびに、こんなふうに、今できる一歩から始めたいなと思います。

ところで、紙の原料となる木材の伐採や管理が、環境や地域社会に配慮しておこなわれているかどうか、それを信頼できるシステムで評価するのが、ＦＳＣ認証マークです。身近なものにも、「ＦＳＣ認証マーク」（128ページ）がついた商品があります。国際的な森林管理の認証をおこなうＮＧＯ森林管理協議会（Forest Stewardship Council®；ＦＳＣ）の認証ラベルがついた商品を買うことで、私たち消費者は世界の森林保全を間接的に応援することができます。

現在、大手製紙メーカーの三菱製紙や王子グループもＦＳＣ認証の取得に取り組んでいます。特に、王子グループ「ネピア」のティッシュやトイレットペーパーは、私たちが身近に買えるＦＳＣ認証マークつき商品です。またスターバックスの紙コップにも、ＦＳＣ認証マークがついています。

バナナの茎でできる紙を知っていますか

日本とアフリカのコラボで生まれたユニークで高品質な紙を紹介しましょう。ザンビアの有機バナナで作られた「バナナペーパー」です。バナナと言っても、食べる実の方ではありません。バナナは一度実をつけると、その後は実をつけることはなく、切り倒され、茎は廃棄されることになります。この捨てられるはずだったバナナの茎が原料です。１５００年以上の歴史を誇る越前和紙の技術を応用し、茎からとれる繊維を使って作る made with Japan の紙です。

バナナペーパーは環境に負荷がないだけでなく、現地の貧困問題の解決にも貢献しています。バナナの繊維をとるのはすべてザンビアに暮らす最貧困層の人々です。これまで、貧困に苦しんでいたザンビアの男性たちの中には象の密猟をおこなっていた人たちもいると言われています。バナナペーパーの工場ができて、そこに雇用が生まれたことで、人々の生活は少しずつ安定し始めました。子どもに教育を受けさせたり、長期的に計画を立てながら暮らすことが可能になっています。

一本の木も切らずに、環境と貧困問題を同時に解決するというバナナペーパーの可能性を社会の中でさらに大きくしていこうと活動しているのが、ワンプラネット・ペーパー®協議会（http://paper.oneplanetcafe.com/）です。紙製品メーカーや印刷会社によってバナナペーパー製品の生産、販売がおこなわれています。今後は、現地の工場で生産するバナナペーパーを、アフリカ諸国で販売していくという目標があるそうです。

バナナペーパーは今、名刺や包装紙、賞状などさまざまなアイテムに使われていますが、取り入れやすいのは、なんといっても名刺です。私はバナナペーパーの名刺を使っていますが、名刺交換をすると、よく「えっ？　バナナで紙ができるんですか？」と驚かれます。時には、そのにおいを嗅いでみようとされる方もいらっしゃって、話のきっかけにもなって役立ちます。ナチュラルな風合いや手触りもお気に入りです。

――遠くの国から商品を輸入するフェアトレードは環境に悪影響があるのでは？

フェアトレードが扱う商品の大半は、バナナやコーヒー、カカオ、コットンなど、私たちが住む先進国での栽培に適さないものです。これはフェアトレードを推進したからといって、環境に負荷をかけることはありません。

ただし、日本でも栽培可能で季節を問わないものについては、フードマイレージが少ない、地産地消を第一に考える選択もエシカルです。環境的公正と社会・経済的公正のどちらを優先するかは、それぞれの判断でよいのだと思います。また趣味や好き嫌いもありますから、さまざまなバランスを取りながら選択し、買い物や生活を楽しめたらと考えています。私自身はそんなふうに、フェアトレードやエシカルと付き合っています。

――フェアトレード商品は高くて手が出ません。安ければもっと買えると思うのですが。

大量生産、大量販売される一般の商品は、一単位あたりの生産、流通、販売コストを低く抑えることができます。それに対して、フェアトレードの商品は、現段階では少量生産、少量販売です。また「プレミアム」と呼ばれる、生産地の地域全体のために使われるお金が上乗せされています。

このような事情から、フェアトレードの商品はたしかに単価が高くなってしまう傾向にあります。しかし私たちがもっとたくさん買うようになれば、小売価格は下がります。そうすると、フェアトレードの商品が購入しやすくなるだけでなく、同時に生産者への還元率も上がることになります。よいと思った商品であれば、それを買い続け、買い支えることで、単価が下がりますので、最終的にはあなたも恩恵を受けることになります。「価格破壊」という言葉がありますが、ここ数年でさまざまな商品の価格が大きく下がりました。この背景についてはすでにお話ししましたが、逆に、買い続け、買い支えることが単価に影響を与えることもお伝えしたいと思います。私一人、あなた一人では、小さな「点」に過ぎないかも知れません。しかし、エシカルという小さな点を「線」に、さらに「面」に広げていきたいと私は考えています。

5

100人の一歩

死んだ地球からはビジネスは生まれない

――デイヴィッド・ブラウワー

大手スーパーを変えたのは「一人の声」でした

「こうあったらいいな」と思う世界に向かって一歩踏み出し、行動する。自分の素直な気持ちを発信していく……。一見なかなかハードルが高そうに見えます。でも、身近なところに「できること」はあります。

あなたは、大手スーパーのイオンでフェアトレード製品の品揃えが充実していることを知っていますか？　イオンが変わったのは、たった一人の主婦の声がきっかけでした。２００２年、イオンにこんな声が届きました。

フェアトレードという消費者運動があります。これを活用して、イオンの店舗を多くの人が気軽に国際貢献できる場所にしてもらえませんか

この要望を受けて、イオンでは、２００３年からインドネシア産のフェアトレードコーヒーを店頭に並べ始めました。その後、プライベートブランドで、フェアトレー

ドのコーヒーとチョコを開発。現在では、各店舗のフェアトレードコーナーに加えて、イオンスタイル湘南茅ケ崎店などには、フェアトレード専門のセレクトショップ「フェアリーズ・フェイバリット」もあります。

あなたがいつも行くスーパーは、どうでしょう。

実は、スーパーなど一つの販売店に10人の客が同じ意見を表明すれば、それは「多数派の意見」として、経営の中枢部に届くのだそうです。つまり、もしあなたが、近所のスーパーでフェアトレードのチョコを扱ってほしいと思ったら、家族や友だちなど10人を巻き込み、店頭の用紙やホームページなどから要望を伝えれば「多数派」になり、検討してもらえるというわけです。

「多数派」が増えると、当然企業としても変わらざるを得なくなります。すると、いつも行くスーパーに、エシカルな商品が着実に増えていきます。このような試みは、普段の買い物での選択肢を広げるために、とても有効な手立てだと思います。

まずは「となりの誰か」に伝えよう

誰かを巻き込むこと、また企業に意見することは少しハードルが高いかもしれません。

そうであれば、まずはたった一人に、あなたの思いを伝えるだけでもいいのです。あなたの大好きな人、エシカルについて伝えたいなと思う人に、この本で読んだこと、あなたが感じたことをぜひ話してみてください。「ねえ、知ってる?」「この間、こんな話を知ったのだけど」と。

相手が共感してくれたらとてもうれしいし、そこから新たなアクションにつながる可能性が生まれます。もし、「ふーん。そうなんだ……」と気のない返事が返ってきたり、「でも、それって私たちが考えても仕方ないんじゃない」と反論されたりしてもいいのです。相手の記憶にはかならずあなたから聞いた話や、あなたの思いが残ります。その時はピンと来なくても、いつか何かのきっかけであなたの話がふとよみがえり、変化のきっかけになるかもしれません。

たとえそのままだったとしても、あなたが誰かに思いを伝えたという事実は残ります。それも蝶の羽ばたきとなって、世界を変えることにつながると思うのです。「面倒だな」「これくらい、いいか」という気持ちをちょっと脇において、一言伝えることが、地球1個分の生活に近づく一歩です。

それは、小さい一歩かもしれません。でも、確実な一歩です。

「ポジティブなノイズ」は、かなり有効です！

インターネットが普及した今、**SNSやブログでの発信は大きな影響力を持っています**。ツイッターやフェイスブック、インスタグラムなどで拡散された情報で、企業イメージが大きく変わることもまれではありません。SNSで自社の製品やサービスがどのように評価されているか、企業はとても丁寧にチェックしています。多くの企業が、自社名や自社ブランドをハッシュタグで自動的に検索できる仕組みを作っているのです。

私も先日、驚いたことがありました。お気に入りのイギリスのエシカルファッション・ブランド、デボラ・キャンベルのワンピースをインスタグラムに載せたところ、すぐにデボラ・キャンベルの担当者から、問い合わせが来たのです。「自社インスタグラムにリグラムしていいか」ということだったので、私もすぐに返事を書きました。

企業にもっとも響く声とは？

「大好きな〇〇の服を買った。でも、この服が環境や人を傷つけていないともっとうれしい」「お気に入りの〇〇が動物実験をやめてくれたら、もっと好きになるのに」など、あなたもどんどん発信していきましょう。

そして、あなたの思いや意見をウェブで発信する際に、心に留めていただきたいことがあります。それは、できるならポジティブな発信をすることです。もちろん、批判や厳しい意見が必要な時もあるかもしれません。でも、企業にもっとも響くのは、「実際に買った消費者がどんな感想を持っているか」「自分たちの顧客が何を望んでいるか」です。

1章で紹介したヒューマンライツ・ナウの代表伊藤和子さんは、ＳＮＳなどで消費者が発信する「**ポジティブなノイズ**」**が、企業や社会を変えていく**と言います。単なる問題提起や非難ではなく、現実の顧客が実感のこもった声を上げげる方が影響力があるというのです。

「〇〇のスイーツはおいしい上に、オーガニックだから好き！」「生産する人の権利を守っている〇〇の服、買ったよ。素敵でしょ」などと、私たちから「ほめ言葉」を伝えて応援することも、とてもポジティブなアクションです。

ほめられるとうれしい。それは、企業やブランドだって同じです。顧客の反応を知った企業の意識は高まり、さらに社会貢献できる商品を……、と努力してくれます。一つの声がエシカルな経済を作っていきます。

エシカルを楽しく続けよう！ 8つのポイント

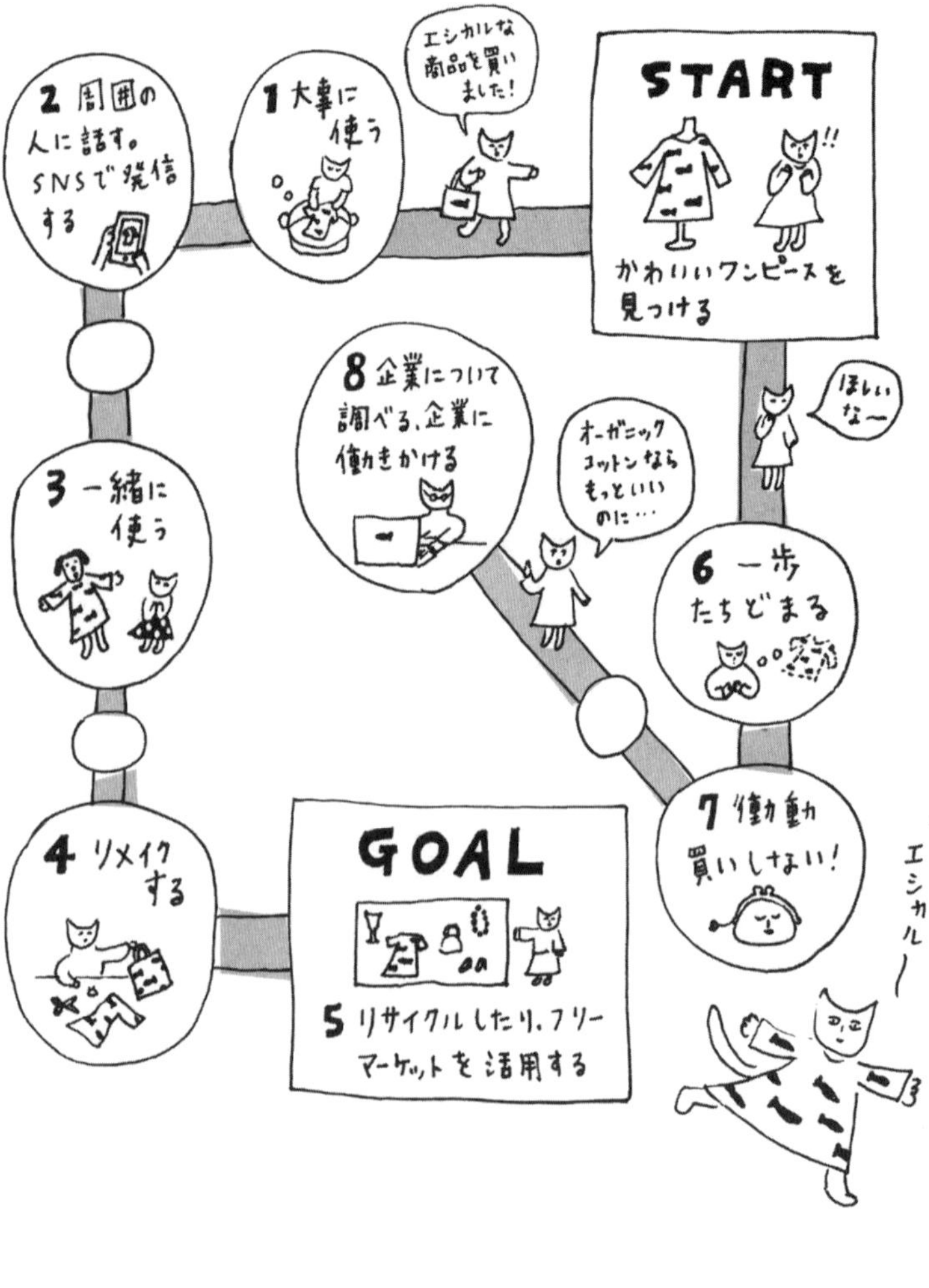

企業や自治体も
エシカルカラーに染まり始めました

今、多くの企業がエシカルな方向に、舵をきり始めています。少しでも環境に配慮した方法で資源を調達をしようとする企業、社会貢献や環境保護に積極的に取り組む企業、フェアトレードを推進しようとする企業……。高い志を持った企業人とお話しすると、私自身も大いに刺激を受けます。

私が考えるエシカルな企業とは、**情報開示が徹底している企業**。そして、**問題を指摘された時に、真摯に受け止め、改善にむけて取り組める企業**です。

人間が地球上で経済活動をおこなえば、どんなに配慮していても、何らかの負荷を環境に与えます。そういう意味では、100％エシカルな企業活動はありません。それでも、地球や人に対して、常によりよい方向へ向かうよう努力し続ける姿勢が、エシカルな企業のあり方で、尊敬できます。

そんな企業のパイオニアとも言える存在がパタゴニアです。パタゴニア製品に使われるコットンは、100％オーガニック。人と環境に配慮された素材と生産過程で作ることを目標としています。そのミッションは、「最高の製品を作り、環境に与える不必要な悪影響を最小限に抑える。そして、ビジネスを手段として環境危機に警鐘を鳴らし、解決に向けて実行する」こと。リペア（修理）やリサイクルも徹底していて、ペットボトル再生素材のフリースを世界で初めて開発しました。

スポーツ用品メーカーのナイキは、1996年にパタゴニアが自社綿製品すべてをオーガニックコットンに切り換えた際に視察をおこなっています。そして、ナイキも全製品の1％をオーガニックに変えると決定しました。

当時、ナイキの取り扱う1％は、パタゴニア全体のオーガニックコットン量よりも多かったそうです。パタゴニアもナイキも、これからのビジネスのあり方を教えてくれる、リーディングカンパニー（業界をリードする会社）だと言えるでしょう。

国内でも、さまざまな企業で取り組みが始まっています。

三陽商会は、100年愛せる「100年コート」を開発。また、日本古来の和綿《わめん》を自然栽培で育て、ストールを作りました。織りは85歳の名職人、染めは、徳島在住の若者4人の藍師、染師のBUAISOU（ブアイソウ）です。伝統工芸を今の感覚で生かす、新しい取り組みだと思います。

繊維卸商社の豊島株式会社が取り組むプロジェクト「オーガビッツ」もユニークです。多くのファッションブランドがオーガニックコットンを使った商品を販売できるよう、綿製品に10％でもオーガニックコットンを使おうと働きかけ、消費と生産の拡大を狙っています。

また２０１６年10月には、一般社団法人エシカルタウン原宿が誕生しました。地球環境に慮した商品を企画、開発、販売する株式会社ハイパーハイパーと、伊勢谷友介氏が率いる社会貢献型企業、リバースプロジェクトの連携によって設立されたものです。

エシカルタウン原宿では、個人、街、商店街、行政、企業が一体となって、エシカルな文化を原宿から発信していくという理念が掲げられています。ハブとしての役割を担うのは、原宿で創業して今年25周年を迎えるショップ、ギブライフです。まさに、「エシカルをブームではなく文化に」という大きな流れが加速していくことを感じさせる出来事です。

フェアトレードタウンの誕生

自治体にも、新しい動きがあります。

町ぐるみでフェアトレードに取り組む「フェアトレードタウン」の誕生です。日本では、熊本、名古屋、逗子の３都市が認定され、今、全国の自治体に申請の動きが広まっています。

フェアトレードタウンとは、認証ラベルのついたフェアトレード商品を積極的に購入することで活動をサポートし、その称号を得た市、町、地域のことを指します。世界ではロンドン、リオをはじめとして、現在（２０１６年11月）、世界では１８００以上もの都市が名を連ねています（２０１９年5月には、２１８１の自治体）。

その原点は草の根活動。市民主導で、自分たちが住みたい町、誇りに思える町を、グローバルな視点を忘れず、自分たちの足元を見ながら実現していくことです。

実際、熊本市が、アジア初のフェアトレード・タウンとなったのは、主婦である、明石祥子さんの呼びかけがきっかけでした。明石さんは、子育てをしながら１９９０年代からフェアトレードの推進に取り組んできました。そして、２０１４年には熊本市で、フェアトレードタウン国際会議が開催されました。私が出席した会議では、フェアトレードと地域の発展をどのようにバランスよく取り組んでいくかが積極的に話し合われました。その時の明石さんの言葉が印象的でした。

国内も国外もない、と地球規模で考えることはとても面白いものです。世界に視野を広げて地球規模で考える。そのレッスンができるのがフェアトレードなのですフェアトレードタウンは、地域に根ざした地球市民の育成にも役立っています。タウン運動は、情熱と信念を持って進めれば、自分の地元で誰でも始めることができるのです。

イギリスでも、フェアトレードの知名度が飛躍的に上がったのは、２０１２年に開催されたロンドンオリンピック・パラリンピックの時でした。世界中から大勢の人々が集まるこの一大イベントが開催されていた期間、街や会場でフェアトレード認証製品が多く売り出されました。２０２０年には東京オリンピック・パラリンピックが開催されます。これがきっかけとなって、フェアトレードを知り、広める絶好の機会が私たちにも訪れようとしています。

国でも画期的な動きがあります。

消費者庁は２０１５年に「倫理的消費」調査研究会を発足させました。倫理的消費、つまりエシカル消費の内容やその必要性などを検討しています。みなさんにこの思想を理解していただくために、また日常生活での浸透を深めるために、どのような取り組みが必要なのかについて調査研究をおこなうことが目的です。さまざまな立場においてエシカルに取り組む総勢28名の委員の方々が集結して、熟議を重ねており、私もこの場で大いに勉強させていただいています。

エシカルという新しい言葉と価値観を普及させていくことに予想以上の困難を感じ

ていますが、発足以来、効果的な事業が行われています。その一つが「エシカル・ラボ」です。地方が持つ可能性を信じ、21世紀型消費者となるであろう若い人々に向けて、エシカルを発信、促進していく試みです。このエシカル・ラボは鳥取県と徳島県で開催され、注目を集め、今も全国に広がりつつあります。

日本でも、それぞれのレベルで、エシカルやフェアトレードの動きが活発になっていることがおわかりいただけたと思います。

しかし、エシカル消費に伴う課題も残されています。現在、環境問題に力点を置いた行政の取り組みが積極的に行われる一方で、人や地域、社会に配慮した法的な対応については十分だとは言えません。

２０２０年の東京オリンピック・パラリンピックの運営計画案では、「持続可能性に配慮する」倫理的調達を目標にしています。倫理的調達とは、次の４つが掲げられています（「２０２０年東京オリンピック・パラリンピック　持続可能な調達コード」２０１６年１月29日発表）。

(1) どのように供給されているのかを重視する
(2) どこから採り、何を使って作られているのかを重視する

(3) サプライチェーンへの働きかけを重視する
(4) 資源の有効活用を重視する

これは、この本の冒頭でお伝えした「壁の向こう」を想像することにつながる問題です。

さらに、２０２０年は温室効果ガス削減の新しい国際的な枠組み「パリ協定」がスタートする年です。国や自治体に対して環境に配慮した商品やサービスを選ぶことを義務づけている「グリーン購入法」などの関連法を束ねる制度ができれば、日本でのエシカル消費が加速するのではないかと考えられています。

エシカルな生き方とは、「見えないものを見る想像力」を育むこと

先日、私が大好きなエシカルブランドの代表をつとめる2人が、偶然まったく同じことをおっしゃっていました。有機&フェアトレードの食品や雑貨を扱うエヌ・ハーベストの鈴木裕《ひろし》さんと、エチオピアの上質なシープスキンを使ったバッグのブランド、アンドゥアメットの鮫島弘子さんです。2人は、口々にこう話していました。

私たちは、単にものを売っているだけではないんです。また、貧しくて援助が必要な人たちを救わなければという使命感で、仕事をしているわけでもありません。生産者の国の歴史や文化がとてもすばらしいと、知ってほしい。だから、その思いを商品に載せて届けているんです

鈴木さんは、「フェアトレードの精神は、日本人が忘れてしまった、現地のシンプルで謙虚なライフスタイルを学ぶことだ」と言います。

また、鮫島さんは、「最貧国の一つと言われるエチオピアですが、お金だけでは計れない豊かさがある。その豊かさを伝えることが私のビジネス」と話されています。

世界と日本、そして、
自分自身を見る目が大切

2人の言葉を聞いて、私はハッとしました。**私たちは、いつも決まったパターンや習慣の中で動きがちです**。そして、日本に住んでいると、どうしても先進国の目線や基準から、物事を見てしまうことがあります。でも、資本主義の社会で、経済的な利益を優先することが当たり前になっている私たちにとって、フェアトレードを応援することは、実は、彼らの生き方から学び、その幸せを分けてもらうことなのかもしれません。

見えないものを見る想像力を働かせる。さらに、世界を見る目、日本を見る目、そして自分自身を見直す目を育み続ける。

これが、エシカルな生き方の基本であり、もっとも大切なことかもしれません。

今日できる「一歩」が、あなたと未来を変えていきます

私は２０１０年から「フェアトレード・コンシェルジュ講座」（２０１９年現在は、「エシカル・コンシェルジュ講座」に改名）を主宰してきました。

一人では限界があるので、フェアトレードやエシカルの思想を伝え、広める人を増やしたいという思いで始めたことです。最初は人が集まるか不安でしたが、回数を追うごとに受講生が増えていき、２０１５年までに約１０００人が受講、300人近いコンシェルジュが誕生しています。この中には講座を受講したことで、退職や転職など人生において転機を迎えた方、エシカルな分野で起業した方、自らが力強い発信者になった方たちがいました。

私の願いは、近い将来「エシカル」が小中高生の教科書に載り、幼い頃にエシカルと出会い、学べるようになることです（２０１９年現在、２０２１年には中学校、２０２２年には高等学校の教科書に「エシカル消費」が載ることが予定されています）。一枚の白いワンピースが転機となって10年以上経ちますが、一番大切なのは教育であるとい

つも感じています。

「都民の消費生活に関する意識調査」（２０１６年3月、東京都生活文化局）では、消費者教育を受けた経験がある割合は二十代が約19％と一番高いことがわかりました。

「小中学校、高等学校の授業」、またその「課外授業、特別授業・見学など」、「大学・専門学校等の講義」と、学校で消費者教育の機会を得たと答えた人の割合が高いことが示されています。

最近、小学校から大学まで、講演する機会を与えていただくことが多いのですが、若者の吸収力には常に驚かされています。また、新しく学んだ知識と身近な生活を結びつけて考えることに長けており、すぐに行動に移します。こうした彼らの軽やかで素直な変化を目の当たりにすることで、私も刺激を受け、勇気づけられています。

1年生向けの特別授業を、3年間続けておこなっている横浜国際高校では、こんなことがありました。2年目に伺った時のことです。前年、私の話を聞いてくれた2年生の生徒が近づいて来て、暗い顔で言いました。

去年、末吉さんの授業を受けて、私はこの一年、罪の意識にすごく苦しんだんです

「えっ？」と驚くと、「でも、自分なりに考えてみたんです。次のステップに何ができるかなって」と、こんな報告をしてくれました。

その後、生徒たち十名が、担当教員が提案したバングラディシュへのスタディツアーに参加。自分たちにもできることがあると実感し、総合的な学習の時間に、フェアトレードをテーマとして論文を書いた生徒もいたと聞きました。

私はホッとすると同時に希望を感じ、心からうれしくなりました。

「希望の光」になってくれる若い世代は、続々登場しています。

学校に働きかけ、卒業証書をバナナペーパーにした静岡県立駿河総合高校の生徒たち。講演後、私が定期的に開催しているフェアトレード・コンシェルジュ講座に参加してくれた生徒たち、地元のコーヒーショップにフェアトレードのコーヒーを扱ってほしいと掛け合ってくれた生徒たち。

「家族や友人にエシカルについて話した」「母親に普段どんなものを買っているか聞いた」と教えてくれる生徒もたくさんいます。高校生や大学生が、グループワークでクリエイティブかつ現実的なアイデアをどんどん出す姿も、とても頼もしく思います。

山形の東北芸術大学で講義した時のことです。

レアメタルの問題を知った日本画専攻の学生たちが、日本画で使う「岩絵の具」に使われる鉱物の採掘場所を知りたいと質問してくれました。自分たちの身近なところから関心を持って変えていこうとするそんな姿に、いつも感心します。

これまでエシカルについて伝えてきた私が、実感として自信を持って言えることがあります。それは、世界の現実を知った方たちは、間違いなく「いい方向」へ変わっているということです。「いい方向」とは、「正しい」とか「正義である」という意味ではありません。私たちの良心にかなう、人間らしい選択をしていける方向という意味です。

その方たちの一人一人の変化は、すべて「知ること」から始まりました。

今あなたがこの本を読んで、さまざまな現実を知ってくださったのと同じように。

一人の「一歩」は、
100人で「100歩」になる

キリマンジャロ山頂を目前にして倒れた時、私は一度死んで、生まれ変わったと思っています。生まれ変わらせてくれたのは、太陽の力です。闇の中で夜明けを待ち、昇ってきた朝日のあたたかさと光の力強さに、また一歩を踏み出そうという勇気をもらいました。朝日に染まるアフリカの自然を目の当たりにして、この地球をかならず守っていかなければと感じたのです。

時には怒ったり、泣いたりしながらエシカルの活動をつづけていますが、あの時、私に力を与えてくれたこの地球には感謝せずにはいられません。

太陽も月も、空気も水も、海も山も、そこにあることが当たり前ではない。この奇跡の星に私たち人間は住まわせてもらっている。だから、何があっても次の世代に美しいままの姿で受け渡していく必要があります。

その一つの、そして有効な手段が、エシカルに生きることです。生きることは生活すること。だから、毎日の生活が最善の未来を作ります。毎日を何気なく過ごすのか、周りの人や見えないことに思いを馳せながら、いま選ぶことができることの中から最善の選択をするのか――。瞬間瞬間では違いが実感できないかもしれませんが、私たちの行く手にある、未来は大きく変わっていきます。

以前、フェアトレードやエシカルの活動にむずかしさを感じ、悩んでいた私に、パタゴニアの創始者兼オーナーのイヴォン・シュイナードさんはこう言いました。

何もしなければ、あなたは問題の一部になったことになる。でも、何かをすれば、

あなたは問題を解決する動きの一部となる。人（の価値）は、何を言うかではなく、何をするかで決まるのだ

あなたは今、この本を読み終わって何をしますか？

一歩踏み出すのには勇気がいるかもしれません。でも、その踏み出した先には、きっと今まで感じることがなかったような幸せや笑顔が待っているはずです。そして、今まで縁がなかったような多様な仲間たちとの出会いがあるかもしれません。そんな仲間たちが100人集まったら、どんな大きな一歩になることでしょう。それは一人が100歩踏み出すよりも、もっと大きな力を持ちます。世界が抱えている課題に立ち向かう力になるはずです。

おわりに

今まで、人生を振り返ることがほとんどなかった私が、この本を出すことがきっかけになって、小学生の頃からの自分を省みる機会を得ました。よく考えてみると、私には常に「変わりたい」という願望がありました。

キリマンジャロの山頂で大きな決心をするずっと前から「変わりたい」と思ってきたのです。5歳から7歳までタイに住んでいましたが、帰国後、日本の小学校に編入して苦労した時もそうでした。また12歳でアメリカに移り住んで、現地の学校に馴染めず、マイノリティとして疎外感を感じた時も、社会人になってフリーアナウンサーという職業についた時も、常に私は「変わりたい」と思ってきました。

もしかしたら、キリマンジャロの山頂で使命感を感じたのも、そういった長く続いた「変わりたい」願望と関係があったのかもしれません。失われていく氷河を前に、私はこれまで自分が抱えていた思いが、いかにちっぽけなものであったかを思い知りました。向き合わなければならないものは別にあるのではないか。こうして「変わりたい」という気持ちから解き放たれて、一歩踏み出すことができたのではないかと思います。

登頂以降、自分から発信できるようになるために始めたのは、すでにお伝えしたとおり、フェアトレードの勉強でした。人や社会、地域のためにできることを探すというフェアトレードの思考法に出会って、こんなにも心身ともに健やかな毎日が過ごせることを知りました。

それまで、私は何が「自分らしい」ことなのか、見当もつきませんでした。しかし仲間たちに支えられてエシカルの活動を続ける中で、少しずつ自分の輪郭がつかめるようになってきました。そして自分が世界の一部であり、借り物である地球のために手を尽くすことができる存在であることを自覚しました。

私の父はよくこう言います。

自分が持っているお金の1％を社会のために使う。自分が持っている時間の1％を社会のために使う。もし両方とも持っていなければ、自分の心の1％を社会のために使う

私はこの言葉がとても好きで、よく周りの人に伝えています。たった1％であって

も、これは簡単なことではありません。でも、日々の暮らしの中で実践することで、その積み重ねが希望のある未来を作ります。

私一人では到底この本を作ることができませんでした。

エシカル協会の顧問でもあり、私をエシカルの世界へ導いてくださった東京大学名誉教授の山本良一先生には、科学的な観点からご助言をいただいたばかりでなく、出版が持つ社会的責任についてもご教示いただきました。心からお礼申し上げます。

またエシカルやフェアトレードの各分野で活動されている方々にも、多大なる力をお借りいたしました。認証マークについてご指導いただいた株式会社コントロールユニオンの山口真奈美さんはじめ、皆様にこの場を借りてお礼を申し上げます。

また編集においては、江藤ちふみさんに感謝してもしきれません。江藤さんは私が自分でも気づけなかった心の奥に眠っている思いを自然と引き出してくださり、エシカルの世界をわかりやすく表現してくださいました。そして山川出版社の皆様に厚く御礼申し上げます。

さらに私の仲間であるエシカル協会の理事、協会を支えてくださっている会員の皆様、イベントや講座に来てくださった方々、そして共にエシカルの活動をしている方すべてに、心から感謝申し上げます。皆様のおかげで私は立ち止まることもなく、前に進んでいくことができています。

フリーアナウンサーの道に進んでから今に至るまで、ずっと私を温かく見守ってきてくださった事務所の久保地美晴社長、そしてマネージャーの皆様にも、ありがとうと伝えたいです。

最後に、どんな時も私を陰で支え続けてくれている父と母、家族にも、最大級の感謝の気持ちを伝えたいです。

そして、最後まで読んでくださった読者の皆様、本当にありがとうございました。

皆様にとって、この本が、ほんの少しでもエシカルな暮らしかたに「変えたい」、「変わろう」と思うきっかけになれば、こんなにうれしいことはありません。

２０１６年10月
地球の恵み溢れる秋の日に

末吉里花

オーガニックコットン

http://noc-cotton.org/report/?p=3008

http://cotton.or.jp/

https://www.patagonia.jp/patagonia.go?assetid=60490

http://www.peopletree.co.jp/special/oc/01.html

３Ｔ

http://www.ethical-keitai.net/

http://jp.wsj.com/articles/SB11687939370047813834804582174383971919016

エシカルジュエリー

https://www.hrw.org/ja/news/2015/09/30/281785

http://diamondsforpeace.org/child-labor/

エコフット・プリント

http://www.goo.ne.jp/green/business/word/recycle/S00256_kaisetsu.html

https://www.env.go.jp/policy/hakusyo/h19/html/hj07010202.html

絶滅危惧種

https://www.env.go.jp/nature/yasei/ex-situ/step0.html

https://www.wwf.or.jp/activities/wildlife/cat1014/cat1085/

パーム油

http://www.bctj.jp/

http://www.wwf.or.jp/activities/2011/11/1027822.html

個人消費と GDP の関係

http://www5.cao.go.jp/j-j/wp/wp-je10/10p00000.html

古着リサイクル率

http://econavi.eic.or.jp/ecorepo/live/88

紙と森の問題

http://www.glwwp.com/

https://www.wwf.or.jp/activities/nature/cat1219/cat1231/

https://jpa.gr.jp/states/pulpwood/index.html

https://jpa.gr.jp/

家畜の飼育と水問題

https://www.env.go.jp/water/virtual_water/

有機栽培

http://meshinse.com/?mode=f3

参考文献

伊藤和子『ファストファッションはなぜ安い?』2016年、コモンズ
ウッドマン、コナー『フェアトレードのおかしな真実』松本裕訳、2013年、英治出版
オフ、キャロル『チョコレートの真実』北村陽子訳、2007年、英治出版
白木夏子 / 生駒尚美 / 川口恵子『世界と、いっしょに輝く』2013年、ナナロク社
スティグリッツ、ジョセフ / チャールトン、アンドリュー『フェアトレード』浦田秀次郎ほか訳、2007年、日本経済新聞社
長坂寿久『日本のフェアトレード』2008年、明石書店
長坂寿久『世界と日本のフェアトレード市場』2009年、明石書店
野村尚克 / 中島佳織 / デルフィス・エシカル・プロジェクト『ソーシャル・プロダクト・マーケティング』2014年、産業能率大学出版部
三浦史子『フェア・トレードを探しに』2008年、スリーエーネットワーク
ミニー、サフィア『おしゃれなエコが世界を救う』2008年、日経ＢＰ社
ミニー、サフィア『NAKED FASHION』2012年、サンクチュアリ出版
山本良一、中原秀樹編著『未来を拓くエシカル購入』2012年、環境新聞社
山本良一、竹村牧男、松永有慶『地球環境問題を仏教に問う』2015年、未踏科学技術協会
渡辺龍也『フェアトレード学』2010年、新評論
FLO / IFAT / NEWS! / EFTA『これでわかるフェアトレードハンドブック』北澤肯訳、2008年、合同出版
山本良一「そこが聞きたい　エシカル消費――東京五輪向け法整備を」『毎日新聞』2016年10月13日付
Thompson, Lonnie G., et al., "Kilimanjaro Ice Core Records: Evidence of Holocene Climate Change in Tropical Africa", 2002, Science 298, 589.

個別の問題については、各団体の公式サイトのほか、次のサイトを参照しました（2016年10月閲覧）。

児童労働

http://acejapan.org/

● **SooooooS.** スース
オーガニックやフェアトレード、復興応援など、人や地球にやさしい暮らしのためのショッピングモール。食品から雑貨、洋服まで幅広く扱っており、品数も多い。

● **生協**（日本生活協同組合連合会、co・op）
消費者一人ひとりがお金を出し合い、組合員となり、協同で運営・利用する組織。宅配サービスの他、全国に店舗を持つ。誰もが安心して暮らせる地域づくりのために、在宅生活を支えるサービスや、住まいの支援サービスも。

● **Natural House** ナチュラルハウス
自然食品や自然化粧品などを取り扱うスーパーマーケット。オーガニックの野菜や果物などを通して、生産者の顔が見える。

● **PASS THE BATON** パスザバトン
リサイクルショップ。出品者が自分の名前とそのモノに対する愛情を文字にして、そのメッセージタグ付きで次の人に渡していく（売る）、という仕組みを採用。表参道、丸の内、京都に店舗があるほか、オンラインショップも充実。オリジナルのアップサイクル商品も製造・販売している。私もよく出品したり購入したりしている。

● **Pal System** パルシステム
首都圏を中心とした地域生協が加入する生協の連合会。エシカルで持続可能な社会を目指して、産直と環境にこだわり、食と暮らしに関する幅広いサービスを提供。

ペットフード

● **SOLVIDA** ソルビダ
オーガニック素材を使用した国産のドッグフード。

● **YARRAH** ヤラー
エシカルなドッグ・キャットフード。オランダのオーガニック団体「skal（スカール）」の認定を受けたオーガニック栽培で、ホルモン剤、 除草剤、殺虫剤、重金属を一切使用していない原材料を使っている。

エシカル・セレクトショップ

● **EARTH MALL with Rakuten**
アースモールウィズラクテン
楽天ECサイトの中でも、サステナブルやエシカルにこだわった商品のみをピックアップしたサイト。商品だけでなく、「未来を変える読み物」の記事も充実している。

● **Ethical Gift** エシカルギフト
エシカルなギフトを実際に使って紹介するサイト。

● **オイシックス・ラ・大地株式会社**
有機・特別栽培野菜、添加物を極力使わない加工食品など安心・安全に配慮した食品の宅配サービスを「Oisix（オイシックス）」および「大地を守る会」にて提供している。

● **かぐれ**
「トラッドとモードと、地球」がコンセプト。洗練されたシルエットと着心地の良さを追求しながら、ファッションと地球の新たな共生の形を提案するブランド。エシカルなブランドのセレクトもセンスも抜群。

● **crayonhouse** クレヨンハウス
木のおもちゃ、オーガニックコスメ・雑貨・食料品などが勢揃い。オーガニックコットンを使用した、Ms. crayonhouseという洋服のラインも展開する。シンプルなデザインで、20代から80代まで、年齢を問わず女性が着られる洋服が揃う。落合恵子氏主宰の店。

● **CosmeKitchen** コスメキッチン
世界中の個性豊かなナチュラル＆オーガニックコスメを中心にアロマやハーブティー、雑貨や洗剤など、ナチュラルアイテムをラインナップするコスメショップ。

● **A Scenery Beyond** シナリービヨンド
代表の間瀬千里さんがスタートしたエシカルファッションのオンラインセレクトショップ。洋服だけでなく、靴やアクセサリーなど海外のエシカルブランドを集めた貴重なサイト。

インを誇る。100％フェアウッド（合法木材）を目指し、「樹齢100年の木の家具を、100年使えるように」をモットーとする。

東京・森と市庭

東京の森を活かした木育体験、多摩産材を使った製材・加工品を製作し、販売している。オフィスや住宅にはる無垢のフローリングなども販売。

飛騨産業

岐阜県高山市の椅子・テーブルなど木製家具の製造、販売をおこなう会社。90年以上の歴史を誇る。これまで廃材とされてきた、木の節を積極的に生かした家具、スギ材の家具などを開発。接着剤や塗料もすべて、環境に負荷を与えないものを使っている。きちんとしたモノづくりに取り組むことで、飛騨の木工文化を活性化させ、日本の木工文化を支えている。

more trees　モア・トゥリーズ

坂本龍一氏が代表を務める団体。日本の森林を元気にするために、森の活性化や森づくりはもちろん、森と都市、森と企業をつなぐアクションをおこなっている。オリジナルのアイテムは日本を代表するプロダクツデザイナーとコラボをしているものが多く、斬新なデザインと木の美しさで惚れ惚れするものばかり。私のお気に入りは、可愛らしい鳴き声と愛らしい姿で時間を知らせる鳩時計。

ようび

岡山県の小さな村、西粟倉で家具や暮らしの道具を製作。無垢の素材、伝統的な木組みの技術を活かしつつ、現代の暮らしにあったものを作り出し、販売。スツールやソファ、テーブルはどれも美しいデザインと抜群の使いやすさ。

花・グリーン

Afrika Rose　アフリカローズ

萩生田愛氏によって創業された花屋で、高品質のバラをアフリカから世界に届けている。フェアトレードの認証ラベルを持っているバラも輸入。アフリカのバラの生命力、色の鮮やかさ、大きさはどれをとっても素晴らしく、日本の多くの人たちを魅了する。広尾の店舗では、フラワースクールも開催。

認定NPO法人 環境リレーションズ研究所

結婚記念日や誕生日のお祝いに記念樹をプレゼントする仕組み「Present Tree」を作っている。現在までで、国内外25か所、約14万6千本、約381万人の人たちによって木が植えられた。私もプレゼントに北海道の森に記念樹をいただき、実際に森を訪ねて植林活動に参加した。

● ワンプラネット・ペーパー®協議会
ザンビアのオーガニックバナナの茎の繊維を使用し、越前和紙の技術とあわせて作られるエシカルな紙を日本に広める活動をしている企業の集まり。環境コンサルタントである、ペオ・エクベリ氏が率いる。141ページ参照。

伝統工芸品

● 株式会社和える (aeru)
漆器・陶器の食器など、日常に寄り添う「本物」を日本全国の職人と多数、製作、販売している。伝統産業を次世代につなぐことを目的に活動をつづける。藍染めの産着など、出産祝いにも多くの人から選ばれているほか、0から6歳の伝統ブランドaeruがある。

● 株式会社 KAWAGUCHI
手芸・ソーイング・補修用品を製造、販売。手芸用品と伝統工芸を掛け合わせた「Cohana」が注目を集めている。職人が作るガラス玉のまち針や、南部鉄器の文鎮、木のハンドルがついているハサミなど、見ても楽しく、使ってうれしい商品が揃う。

● 合同会社楽膳
ユニバーサルデザイン食器のシリーズ「楽膳」は、会津塗伝統工芸職人、障がい者支援のNPO法人、デザイナーによって作られたもの。主力商品「楽膳椀」は底部のカットに指をかけて持つことができ、握力の弱い人にも使いやすい。「みんなが使いやすい形」を実現するとともに、漆器に現代的な意匠を加えている。

● HIRUME ヒルメ
キュレーションを務めるのは、ファッションジャーナリスト、アート・ プロデューサーの生駒芳子さん。日本の伝統技術と厳選された素材で織り成す美しい装飾品やファッションを届けてくれるファッションブランド。私も伝統技術を活かしたスカジャンを愛用。

● BUAISOU ブアイソウ
徳島の藍師・染師アーティスト集団。ハイクオリティでデザイン性の高い作品に、世界中からラブコールを受けている。畑を耕し、藍を栽培し、染料を作るところから、製品のデザインと縫製、そして販売までの工程すべてを一貫して行う。私もこれまでに3度工房を訪問。創業当初からのファンである。

家具・インテリア

● 株式会社ワイス・ワイス
国産材家具メーカー。栗駒山のスギを使った椅子や、北海道の白樺を使った家具など、トレーサービリティと美しいデザしている。「Happy　Elephant」シリーズはおすすめの洗剤の一つ。64ページ参照。

● smily earth　スマイリーアース

オーガニックコットンを使用したタオルや赤ちゃん用品を製造・販売しているブランド。地球や生産者、織り方、素材、すべてに独自の哲学を持つ。

● 高田耕造商店

紀州野上谷の棕櫚（シュロ）を使ったタワシなど、日常生活に密接に関わる日用品を製造、販売。パームヤシでは実現できない柔らかいたわしであり、私も台所で愛用している。

● 中越パルプ工業株式会社

2009年に、国産竹100%の紙を製造・販売を開始。日本の竹100%を原料とした紙をマスプロ製品として生産販売している唯一の総合製紙メーカー。国産竹の活用は、地域の竹林管理、隣接する森林や里山の保全再生、生物多様性の保全に役立つ。

● TENERITA　テネリータ

徹底してオーガニックコットンにこだわり、上質なタオルやバスローブ、パジャマを作っている。ドイツのオーガニック認証GOTSから日本国内で初となる認可を受けている。

● Hotman　ホットマン

東京・青梅で50年以上にわたりタオル製造を続ける純日本製タオルブランド。セネガル共和国のフェアトレードコットンから、タオル「フォイユ」が作られている。1秒タオルをはじめとする吸水性抜群のタオルを企画、製造、販売。

● 丸吉日新堂印刷株式会社

北海道の名刺製造メーカー。バナナペーパーはもちろん、環境に配慮された様々な種類の紙で名刺作りを行っている。ワンプラネット・ペーパー®協議会のメンバー。

● ミヤザワ株式会社

学校用品などを製造・販売しており、日本で最初に卒業証書の筒を作った老舗メーカー。エシカル協会の名刺、フェアトレード・コンシェルジュ講座の修了証はバナナペーパーからできているが、ここで製作している。ワンプラネット・ペーパー®協議会のメンバー。

● REMEDY GARDEN　レメディガーデン

布ナプキン専門店。希少なオーガニックリネン・世界最高峰のアルティメイトコットンなど極上のオーガニックを使用した布ナプキンを製造・販売。

● WASARA

いずれ土に還る環境にやさしい紙の器を製造・販売。日本の美意識に基づいた有機的なフォルムや質感は、土に還る紙とは思えない美しさ。

界初。ギフトラッピングにはバナナペーパーを使用。

● **jane iredale** ジェーン・アイルデール
メイクアップにスキンケア効果をもたらすという新しい考え方を生み出した第一人者が立ち上げたブランド。女性と環境に配慮し、製品そのものも優秀。

雑貨・日用品

● **IKEUCHI ORGANIC** イケウチオーガニック
今治タオルの製造、販売をおこなうオーガニックタオルのブランド。世界最高水準の安全テストをクリアし、風力発電100%の最小限の環境負荷で作られるタオルは種類も豊富で色も美しい。収穫されたコットンの年によって、その風合いを楽しむ「コットンヌーボー」はお祝いにも最適。

● **王子ネピア株式会社**
ティッシュ・トイレットペーパー等の製造。FSC認証の紙を積極的に使っているネピアは、日常から始められるエシカルの一つ。

● **株式会社山櫻**
名刺、封筒、はがきなど、各種紙製品の製造メーカー。エシカル協会の1年目の活動報告書はバナナペーパーを使用してここで作成。ワンプラネット・ペーパー®協議会のメンバー。

● **がんこ本舗**
洗濯用洗剤「海へ…」は、24時間でほとんどが生分解（微生物によって分解されて自然界に還ること）される。「作る人、つなぐ人、使う人、すべての者が幸せになる」ことがんこ本舗が考えたHAPPY法則。すべて詰め替え用あり。

● **GREEN PAN** グリーンパン
2007年にベルギーで誕生したエシカルな調理器具のブランド。従来の加工材料であるフッ素樹脂を使わず、熱分解により発生する様々な化学物質を出さない、サーモロン・セラミックコーティングを使用。私もフライパンを愛用。

● **KURAKIN**（艶金化学繊維株式会社）
食品のうち、口にされない「のこりの」部分で染めるKURAKIN「のこり染」を使った暮らしの布具が注目を集める。天然色素のやわらかな色合いが特徴。タオル、雑貨小物などオリジナル商品を販売する。1% for the Planet加盟企業。売り上げの1%が環境保護団体に寄付されている。

● **サラヤ**
RSPO認証やGreen Palm認証を得ているパーム油を使用した、環境と人に優しい洗剤を製造、販売。ヤシノミ洗剤は、売り上げの1%をボルネオの環境保全活動に寄付品を主に製造・販売。オーガニック認証の原材料を使用しながら、低価格で高品質の商品を作っている。シャンプー、トリートメントのブランド「PUBLIC　ORGANIC」など、幅広い販路で販売。全国のドラッグストアなどで手軽に購入できる。

● **QUON**　クオン
国産オーガニック化粧品メーカー。無農薬・自然農栽培のワイルドクラフト原料をはじめ、国産の自然原料を極めて高い比率で配合。天然成分100%、化学成分完全フリーを実現し、厳選された植物素材を日本人の美しい肌づくりに最適なブレンドで処方している。障がいを持つ方たちによって作られたものもある。

● **THE BODY SHOP**　ザ・ボディショップ
自然の原料をベースにしたイギリス生まれの自然派化粧品・コスメブランド。「ビジネスは世の中を良くする力になり得る」という信念のもと、1976年に誕生。動物実験は決して行わないと宣言しており、幅広い層の女性から愛される数々のヒット商品を出している。

● **do organic**　ドゥーオーガニック
日本人女性の肌に合わせて作られた国産オーガニック・スキンケアブランド。ヨーロッパのオーガニック化粧品認定基準をクリアしている。泡のクレンジングや化粧水などは優秀で、リピーターやファンが多い。

● **DR. BRONNER'S**　ドクターブロナー
カリフォルニア発天然由来成分100%のマジックソープを販売する創業1948年のブランド。すべての製品がオーガニックであることにこだわりを持ち、主要原材料はフェアトレードで調達。

● **babu-**　バブー
スキンケアからメイクアイテム、メイク雑貨まで揃うオーガニックコスメ。小松和子氏が手掛ける。日本人女性が使いやすいカラーや高いスキンケア効果が魅力。

● **フプの森**
北海道モミエッセンシャルオイルやアロマミストなど、北海道下川町の森から生まれた香りの雑貨・コスメブランド。森林組合が始めた精油事業を、代表の田邊真理恵さんが引き継ぎ、原材料から製造まで「顔が見える」ブランドとして確立。

● **LUSH**　ラッシュ
自然派化粧品・フェイスケア・ヘアケア・石鹸・入浴剤などを製造、販売。それらはすべて、新鮮でオーガニックなフルーツや野菜、エッセンシャルオイルをふんだんに使って手作りされている。2016年8月より、せっけん素材でできたシートで商品を包んだ、ペーパーレスな商品を販売する。完全無包装の商品を販売するのは、国内の化粧品業して作られるアイスクリーム。アメリカ発。公式サイトでは工場の様子をすべて開示している。

● MAVIE マヴィ

オーガニックワインを販売するパイオニア。1998年、日本で唯一のオーガニックワイン専門店として、田村安氏によって創業された。ぶどう栽培から瓶詰めまで一貫して行う「顔の見える生産者」のオーガニックワインだけを自社輸入し、販売する。

● 森永製菓

ナショナルメーカーとしては初めて、フェアトレードの認証を受けたカカオでチョコレートを製造、販売。コンビニでも手にはいる板チョコをフェアトレードのカカオで作り話題となった（現在、オンラインショップで購入可能）。児童労働をなくすために活動をしているNGO団体ACEとの取り組みについては46ページ参照。

ヘルス＆ビューティー

● WELEDA ヴェレダ

赤ちゃんや子どもを含め、家族で使えるナチュラル・オーガニックブランドのパイオニア。世界50か国以上で愛されている。また、植物の栽培に適した地域の農園と積極的にフェアトレードを行っている。持続可能で環境負担の少ないバイオダイナミック農法やオーガニックの技術を提供し、長期にわたって安定的な事業になるよう経営のケアに取り組む。現在13種12か国でプロジェクトを展開。どの製品も優秀。

● NGO法人シャプラニール

シャプラニールは、1972年より、現地NGOと協力し、バングラデシュとネパールで貧困問題の解決に取り組んでいる。そのフェアトレードプロジェクトとして作られた、アーユルヴェーダのレシピを用いる、ハンドメイドソープ（She with Shaplaneer）が人気を集めている。パッケージもかわいく、多くのセレクトショップなどでも取り扱いがある。

● ORALPEACE オーラルピース

効果と安全性を実現する口腔ケア製品の開発と、事業を通した全国の障がい者の仕事創出を目的に、2013年に立ち上がったバイオ×ソーシャルベンチャーのブランド。ペット用のオーラルケアもある。

● 華密恋（株式会社カミツレ研究所）

華密恋は国産カモミールにこだわったスキンケアブランド。カミツレエキス100％の薬用入浴剤は保湿力に優れ、肌荒れや乾燥に効果がある。赤ちゃんからご高齢の方まで、すべての人におすすめ。

● カラーズ株式会社

シャンプーやトリートメントなどヘアケア商

ながら、直接仕入れ販売をおこなっている。西荻窪にある店舗では、料理人でもある鈴木氏によるスパイスを使った料理教室なども開催。160ページ参照。

● **小川珈琲**

京都の老舗コーヒーメーカー。有機JAS認証や国際フェアトレード機関の認証を受けているコーヒーを積極的に販売。他にもバードフレンドリー認証プログラムも受けているコーヒーを販売する。これは、渡り鳥が生息できる、自然の森林に近い環境の農園を維持する活動を応援するもの。

● **Starbucks Coffee Japan**　スターバックス

国際フェアトレード認証を受けているコーヒー豆を扱う。同時に、独自の倫理的調達プログラムに沿って、2015年時点で99%倫理的調達を達成した。日本では、エシカルなコーヒーの日として毎月20日にエシカルコーヒーを提供している。

● **SLOWCOFFEE**　スローコーヒー

ブラジル、エクアドルの農場で無農薬栽培された、フェアトレードなオーガニックコーヒー豆のみを自社で焙煎。最近ソーラー焙煎が始まり話題を呼んでいる。

● **善光園**

静岡発、安心でおいしい深蒸し有機茶・無肥料自然栽培茶を作って販売している茶農家。無農薬無化学肥料で育った茶葉から成る、土と水と太陽の自然の恵みがいっぱいの生命力あふれるオーガニックなお茶。煎茶、ほうじ茶、玄米茶もある。どれも深みがあって美味しい。

● **Dari K**　ダリケー

インドネシア産カカオ豆の焙煎から一貫して手作りされるチョコレートを販売。大手金融会社に勤めていた吉野慶一氏が脱サラ後、ショコラティエとなり、カカオの農家を貧困から救い、支える事業として立ち上げた。「かわいそうだからと与えるフェアトレード」ではなく「生産者自らが勝ち取るフェアトレード」を実現。2015年にはフランスのパリで開かれたサロン・デュ・ショコラに出展。

● **寺田本家**

無農薬米、無添加、生もと造りに取り組む独創的な清酒蔵元。「五人娘」などとても美味しい日本酒が揃う。

● **Baird Beer**　ベアードビール

2000年にベアード・さゆり夫妻によって沼津フィッシュマーケットでスタートしたクラフトビール。種類も多く、そのうち一種類のビールの売り上げは1%for the Planetを通じて環境保護団体に寄付されている。

● **BEN & JERRY'S**　ベン&ジェリーズ

フェアトレード認証を持った原材料を使用

巻。見た目もおしゃれでとても履きやすいのも魅力。

● **melissa** メリッサ
レインブーツ、バレエシューズ、スニーカー風など多彩なデザインが持ち味のブラジル発のブランド。軽さと履きやすさとお手頃感、そして甘いキャンディーのような匂いが特徴としてあげられる。独自開発した再生可能なプラスティック素材を使用するとともに、染色を水に戻す際に水を汚染しない技術で、自然環境保護に真摯に取り組む。メリッサの靴もファンで、何足か愛用している。

ストール・マフラー

● **SHOKAY** ショーケイ
人道支援、貧困解決のために生まれたファッションブランド。デザイン性が高いマフラーやニット帽、手袋はしなやかで柔らかく、温かい。SHOKAYは、チベット族の人々が安定した収入を得られるよう、直接ヤクの毛を買い取っている。また、このビジネスで得た利益を、チベット族のコミュニティに再投資し続けることで、チベット族の人々の選択肢を広げている。

● **MEKONG BLUE** メコンブルー
ストールとマフラーは、斬新で美しいデザインと品質の高さが認められ、ユネスコのハンディクラフト部門で受賞。2001年、カンボジア最貧困地域の一つ、ストゥントレンで、チャンタ・ヌグワン氏が、読み書きのできない女性の自立を支援するNPO「Stung Treng Women's Development Center」を設立。SWDCは、絹織りを通して、今まで500人以上の女性や子供たちの生活を支えてきた。2013年からNPO法人ポレポレが協働し、日本人に美しいシルクのストールを届けている。

食品

● **AEON** イオン
プライベートブランド「トップバリュ」の中で、フェアトレードやオーガニックのコーヒーやチョコレートなどを積極的に製造、販売。MSC認証（持続可能な天然漁業の認証）やASC認証（持続可能な養殖漁業）の魚も販売する。

● **S & B** エスビー
大手スパイスメーカー。オーガニックとフェアトレードの認証を持ったスパイスのラインを製造、販売。

● **N・HARVEST** エヌ・ハーベスト
フェアトレード＆オーガニックのスパイス、紅茶、ドライフルーツのブランド。パキスタンのフンザやスリランカ、インドなどで代表の鈴木裕氏が長期滞在して生活をしなどを使ったアクセサリーを作っている。開発途上国や国内の福祉施設のパートナーとコラボレーションし、 アクセサリーやデイリーアイテムの企画、製作、販売する。

● **MUJUS** ムフス

アマゾン川流域で育つ椰子、「タグア」の種子を削り、磨き、染め、現地のクラフトマンの手で丁寧に作られたアクセサリー。やさしく、そして鮮やかな色彩には、草木由来の染料が使われており、エコロジーなものづくりをおこなう。個性的でインパクトのあるアクセサリーは、日本人女性にもファンが多い。「MUJUS」は、南米の先住民族の言語で「種」を意味する。

インナーウェア

● **SkinAware** スキンアウェア

可児ひろ海氏によるオーガニックコットンのランジェリーブランド。ベーシックな洋服やメンズの下着も展開し始めた。

● **TAKEFU** 竹布

インナーやレギンス、タオルはもちろん、布ナプキンやマスクなども竹布で展開する。TAKEFUは、原料を竹100%とし、竹の持つ特性を生かしたもの。抗菌性、消臭性、制電性、吸湿・吸水性、温熱効果を持ち合わせており、人類が初めて手にした天然抗菌繊維。滑らかな肌触りで私も愛用。

● **hazelle** ヘーゼル

モデルのサンドバーグ直美さんが立ち上げたオーガニックコットンの下着ブランド。私も上下で愛用しているが、着心地抜群で草木染めの色も美しい。

● **Liv:ra** リブラ

2013年より小森優美氏によってスタートしたMADE IN JAPANのレディースファッション＆ランジェリーブランド。生地にはオーガニックコットンやシルク、ヴィンテージなどのエシカル素材を使用。自然そのもののパワーを大切にしながら、女の子の「カワイイ」が追求されたエシカルなガールズブランド。

靴・フットウェア

● **一般社団法人日本ビオホテル協会**

「LIFE IS JOURNEY」というスニーカーシリーズ。ムーンスター久留米ファクトリーで昔から積み上げられてきた技術で作られる一足。生地には、GOTS認証のオーガニックコットンを使用している。おしゃれに、エシカルを楽しみたい大人におすすめ。

● **VEJA** ヴェジャ

2004年に設立したフランスのシューズブランド。原材料作りからこだわる徹底的なエシカルでサステナブルな靴作りは圧住む女性たちによって、伝統的なクロシェ編みを用いて作られている。大人気の商品で、その斬新なデザインは持つ人が必ず声を掛けられるというもの。

● **RICCI EVERYDAY** リッチエブリデー
東アフリカの伝統的な布地チテンジや、マサイ族が身にまとうマサイ・ブランケットを中心に布をセレクトし、商品を製作、販売。「アフリカのもつ魅力で、人々のライフスタイルを、社会をより豊かなものに」をコンセプトに、ウガンダの直営工房でものづくりをしている。

ジュエリー

● **EARTHRISE** アースライズ
生産から流通の過程で、環境破壊や紛争の資金源となる取引をせず、児童労働、不当な低賃金労働を招くことのないジュエリーブランド。ブライダルジュエリーにも力を入れており、品質の高さには定評がある。小幡星子氏によって創業された。

● **R ethical** アール・エシカル
国際フェアトレード認証を受けているゴールドを用いた製品作りをおこなう。18Kゴールドを基調とし、日常を彩る遊び心が特徴で、華やかさ、身につけやすさを追求。星まり氏が、お守りのように身につけられるものだからこそ、持続可能でやさしいものであってほしい、と創業した。

● **シチズン時計株式会社**
「CITIZEN L（シチズン　エル）」は、ジュエリーのように身につけたくなるエレガントなデザインが特徴的なエシカルな女性用腕時計。さらに、製品成分表公開、コンフリクトフリー宣言、CO_2排出量公開など、素材調達、生産過程において人や社会、環境や地球に配慮されている。

● **HASUNA** ハスナ
日本初のエシカルなジュエリーブランド。デザインの美しさとジュエリーとしての質の高さが評価され、今や「エシカル」という言葉を使わなくても多くの人たちに認知されている。私もイヤリングやリングなどを愛用。113ページ参照。

● **Phuhiep** フーヒップ
ベトナム中部、フエの女性たちの自立支援を行うファッションアクセサリーブランド。デザインと材料は日本から送り、繊細な手仕事はトレーニングを受けた現地の女性たちがハンドメイドで担当する。さらに、その商品を先進国で販売し、フェアトレードを推進することで、作り手の自立へとつなげている。大人っぽく、でも気負わないデザインは、とても個性的でスタイリッシュ。

● **BASEY** ベイジー
タンザニアの牛の角や、中米ベリーズの貝

パレルブランド。

● Crafty クラフティ
竹細工クラフトとファッションを融合させたナチュラルでモードな竹カゴバッグやアクセサリーを販売。私は、ポシェット型のバッグを使用しているが、持ちやすくて斬新なデザインが気にいっている。

● Tammy's Treats タミーズトリーツ
ファッションアイテムから、暮らしのインテリア、キッチン・ダイニング、ステーショナリーまで幅広く展開。タイに暮らす人たちによって作られる。「親しみやすく、オシャレでフェアなもの」をモットーにする。

● CHILA BAGS チラバッグス
コロンビア出身の女性オーナー、ラウラさんが2013年に立ち上げたフェアトレードのバッグブランド。独自の生活様式、言語、文化を守りながらコロンビア北部とベネズエラの国境付近に暮らす南米の先住民ワユー民族が日々の生活で使用する伝統的な手編みバッグを販売。

● PATINA JAPAN パティーナジャパン
廃棄されるはずだった消防ホースを、タフでクールなバッグとしてアップサイクルしたバッグブランド。

● BAN ROM SAI バーンロムサイ
タイ北部チェンマイには、HIVに母子感染した孤児の生活を支援する施設がある。その工房で作られた商品を、鎌倉の実店舗とオンラインで販売。タイパンツや古布を使ったカラフルなポーチやお財布が人気。

● FREITAG フライターグ
トラックの幌を再利用したカバンや財布、サッカーボールなどを販売している。一つ一つ手作りされているため、同じ製品は存在しない。1993年、チューリヒの2人の兄弟によって始められた。近年では土に還る素材で洋服作りも始まっている。

● MOTHERHOUSE マザーハウス
「途上国から世界に通用するブランドを作る」をコンセプトに、バッグ、ストール、小物を販売する。バングラデシュではジュートやレザー、ネパールでは上質なカシミアやシルクを使って、現地の自社工場でものづくりを実現。中規模生産だけでなく、家庭内や村に残る伝統的な手仕事の美しさを現代に残すためのプロジェクトも続けている。山口絵理子氏が創業したこのブランドは、「エシカル」の名をまだ知らない人からも愛されている。

● Love & Sense ラブアンドセンス
2006年、高津玉枝氏によって創業された大阪発フェアトレード専門セレクトショップ。Love & Senseの中で注目したいのが、空き缶のプルタブをリサイクルして作られるプルタブバッグ。ブラジルの貧困地域に繊維（エコペット）を使ったジャケットやスーツなどを展開する。ビジネスシーンで使えることから人気も高い。

● **Lee Japan** リー・ジャパン

老舗アメリカンデニムブランド。「東北コットンプロジェクト」や「プレオーガニックコットン」など、社会や環境に配慮したプロジェクトを展開。ピープルツリーとフェアトレード＆オーガニックコットンデニムも生産、販売している。

服飾雑貨・バッグ

● **APOLIS** アポリス

サーファーによるエシカルなファッションブランド。アイコンとなるジュート製のバッグはカスタマイズもできてサイズも豊富。

● **andu amet** アンドゥアメット

世界最高峰でとれるエチオピアンシープスキンで、かつ食用の羊の副産物となる革を贅沢に使用。バッグや財布、ポーチなどを販売している。代表の鮫島弘子氏は1年のほとんどをエチオピアで過ごし、現地に作った工房で職人たちと最高級のバッグを作っている。160ページ参照。

● **ilo itoo** イロイトー

グアテマラの美しい織物を使って、バッグやパソコンケース、キーホルダーやポーチなどを作り販売している。カラフルな織物に魅せられた日本人女性2人が現地に工房を開き、マヤ系先住民ツトゥヒル族の女性たちとともに製作、販売する。センスのよさのみならず、縫製技術もしっかりしている。私が長年利用しているパソコンケースもまったくほころびがなく美しいまま。

● **VEGANIE** ヴィーガニー

リサイクルサリー刺繍バッグやクッションカバー、フェアトレード＆オーガニックコットンのサマーワンピースなど、エシカルアイテムを製作、販売している。商品は、インドに住む経済的に苦しい女性たちと伝統工芸の職人が一緒に製作している。竹迫千晶氏によって「人や動物を力づける」というコンセプトでものづくりがつづけられている。

● **kna plus** クナプラス

土中で分解し、焼却しても有毒ガスが出ない、ポリ乳酸繊維を使用したエコ素材のバッグを製作、販売。プリーツを使った4つの形に豊富なカラーバリエーションを展開。軽くてコンパクトなので、おしゃれなサブバッグとしても使える。

● **CLOUDY** クラウディ

代表の銅冶勇人さんが立ち上げた、アフリカの民族柄、伝統の織、特産品などを使用し、今までにない "アフリカンテイスト" を取り入れたカジュアル＆フォーマルのア

「ちょっと」ずつ地球環境に貢献しようと始まった社会貢献プロジェクト「orgabits」。一人でも多くの人がオーガニックコットンの製品を手にできるように、その混率を10%から設定でき、他の素材と組み合わせることで衣料品にする。有名ブランドとコラボレーション多数。

● **NADELL** ナデル

京都発のブランド。NADELL Wedding Dressとして、エシカルなウェディングドレスも展開している。すべて国内生産。トレーサビリティーが明確に認定されている原綿のみを使用。

● **patagonia** パタゴニア

創業1973年のアメリカの登山用品、サーフィン用品、アウトドア用品、軍用品、衣料品の製造販売を手掛けるメーカー。「私たちは、故郷である地球を救うためにビジネスを営む」がミッションで、常に最先端の持続可能性を追求したものづくりを行っている。35、153ページ参照。

● **People Tree** ピープルツリー

日本で最大のフェアトレードのブランド。アジア、アフリカ、南米諸国の13か国約150団体と共に、手仕事による商品を企画開発、販売している。オーガニックコットンをはじめとする衣料品やアクセサリー、食品、雑貨などできるだけその地方で採れる自然素材を使用。毎年冬季限定で販売されるフェアトレード・チョコレートもファンが多い。86–87ページ参照。

● **Factelier** ファクトリエ

シャツや背広、デニムなど日本の職人の技術が活かされたモダンベーシックなアイテムを販売。世界が認める日本の工場と消費者を繋ぐ。50%から4%台へ激減するアパレル国産比率に危機感を感じた山田敏夫氏によって、「メイドインジャパン」を守ろうと創業された。

● **PUENTE** プエンテ

ボリビアとペルーのアルパカの毛を、現地の村の女性たちが紡いで、手編み、手織りしたストールや靴下などを販売。ボリビアとの出会いを通して、落合裕梨氏が立ち上げた。ものとしての使命が終わった後には、土に還るような素材を使っている。専門店やオンラインショップはないが、多くの女性たちから支持を受ける。

● **mes vacances** ミヴァコンス

女優の柴咲コウさんが代表となり立ち上げたエシカルファッションブランド。地球の循環、生態系に負荷をかけないものづくりを心がけている。

● **UNITED ARROWS**

ユナイテッドアローズ

「green label relaxing」では、ペットボトルをリサイクルして作られたポリエステル

「PRISTINE（プリスティン）」の製造、販売や、オリジナル生地の販売などをおこなっている。ブランドのキーワードは「made in Japan」と「顔の見えるものづくり」。34ページ参照。

● GIVE LIFE ギブライフ

株式会社ハイパーハイパーが運営するリバースプロジェクト初のオフィシャルショップ。オーガニックやアップサイクルな商品をはじめ、人と地球にやさしい素材を用いた商品を販売する。またライフスタイルの提案、伝統技術や地域工芸の販路拡大をサポート。

● kay me ケイミー

働く女性のための「洗える・ストレッチ・シワにならない」ジャージーワンピースブランド。日本の縫製工場と職人を守るために、製品は、選りすぐりの熟練の職人の手によって生み出され、アイテムの90%は東京都内で生産。特にラップドレスが日本人女性の体型にぴったりでラインが美しい。

● 三陽商会

2013年会社設立70周年を機に、タグライン「TIMELESS WORK. ほんとうにいいものをつくろう。」を策定。このタグラインを形にするために、「100年コート」を日本で唯一のコート専業縫製工場で製作している。細部にまで職人の技が光り、まさに親から子へ受け継いでいける製品。私も「100年コート」を愛用している。オリジナルブランド「S. ESSENTIALS」もエシカルなブランド。

● シサム工房

フェアトレードの製品・ファッションやアジアン家具・雑貨・インテリアなどを、京都・大阪・神戸で販売している。また「SISAMU COFFEE」も人気が高い。

● STELLA MacCARTNEY ステラ マッカートニー

イギリスを代表するデザイナーブランド。環境保全への取り組みを積極的に行う。同時に、レザーやファーなどを一切使用せず、レディ・トゥ・ウェアやアクセサリー、フレグランス、キッズなどのコレクションを発表。オーガニックコットンやオーガニックウールを使用し、製品のエシカルなサプライチェーンを目指している。

● TITICACA チチカカ

中南米独特のカラフルな雑貨や、中南米の伝統柄をモチーフにした服を販売。ハッピートレードやフェアトレードの製品も展開する。1977年に中南米の民芸品の取り扱いからスタートした。お客様、生産者、スタッフ、すべての人々の「世界のしあわせのかけはし」となる活動に取り組む。

● 豊島株式会社

オーガニックコットンを通して、みんなで

エシカルショッピング・ガイド

私が実際に見たり、使ってみたりしたもので、読者の皆さんにおすすめしたいエシカルなアイテムをご紹介します。身の回りのものをカテゴリーに分けて、五十音順にしました。どんな商品を作っているのか、エシカルな物作りのポリシー、商品の魅力を中心に記しました。
Ethical Consumer、THE GOOD SHOPPING.COM のサイトにもエシカルグッズが満載です。各ブランドの公式サイトとあわせてご覧ください。

アパレル・ウェア

● adidas アディダス
海のプラスチック廃棄物をアップサイクルした素材を採用したシューズを製造、販売。2024年までに、未使用プラスチックの代わりに100%リサイクルポリエステルを製品に使用することを目指している。

● ISSEY MIYAKE イッセイ・ミヤケ
三宅一生氏と「Reality Lab.」による「132 5. ISSEY MIYAKE」は、環境や資源に配慮した新しいものづくりの研究開発から生まれたプロジェクト。デザインとイノベーションの力で、環境や社会問題に取り組む。ペットボトルやポリエステル素材の衣服などを分子レベルにまで分解。それを原料とした純度の高いポリエステル再生繊維を使用する。

● ECOMACO エコマコ
小物に加えて婦人服やリゾートウェディングドレスを展開。デザイナーの岡正子氏が創業。天然素材で自然に還る地球にやさしい素材を使用することをポリシーとしている。「伝統技術」「最先端技術」「エコロジー」がミックスされた衣服を作っている。

● OSKLEN オスクレン
土に還る素材を使ったバッグやフィッシュレザーを使用した靴、オーガニックコットンの洋服など、ファッションと自然の融合に取り組む。廃棄される素材や再生可能な素材を使用するだけでなく、モード感あふれるスタイルと環境配慮型コンセプトの融合から生まれた。エシカルファッションの新たな旗手、オスカル・メツァヴァト氏がプロデュースする。ブラジル発。

● 株式会社アバンティ
赤ちゃんのグッズや洋服から女性の下着やワンピースまで「オーガニック製品を通して地球環境の保全と社会貢献をする」を理念としている。オリジナルブランド

末吉里花　すえよし・りか

ニューヨークで生まれ、鎌倉で育つ。一般社団法人エシカル協会代表理事。慶應義塾大学総合政策学部卒業。TBS系『世界ふしぎ発見！』のミステリーハンターとして世界各地を旅した経験をもつ。エシカルな暮らし方が幸せのものさしとなる持続可能な社会の実現のため、日本全国でエシカル消費の普及を目指している。著書に絵本『じゅんびはいいかい？——名もなきこざるとエシカルな冒険』（山川出版社）ほか。日本ユネスコ国内委員会広報大使、東京都消費生活対策審議会委員、日本エシカル推進協議会理事、日本サステナブル・ラベル協会理事、地域循環共生社会連携協会理事、ピープルツリー・アンバサダーなどを務めている。

https://ethicaljapan.org/

ミックス
責任ある木質資源を使用した紙
FSC® C013238

はじめてのエシカル

人、自然、未来にやさしい暮らしかた

2016年11月25日　第1版第1刷発行
2021年1月10日　第1版第7刷発行

著者　末吉里花（すえよし りか）
発行者　野澤武史
発行所　株式会社 山川出版社
東京都千代田区内神田一−一三−一三
〒一〇一−〇〇四七
電話　〇三−三二九三−八一三一（営業）
〇三−三二九三−一八〇二（編集）
https://www.yamakawa.co.jp
振替　〇〇一二〇−九−四三九九三

企画編集　山川図書出版株式会社
印刷・製本　図書印刷株式会社

 ISBN 978-4-634-15107-9 C0036